LIFE 100+

人生を整えるためのキャリア・健康・資産管理

CAREER/HEALTH/ASSET MANEGEMENT

人生100年時代
50歳からのライフ・デザインづくり

梶原 豊・高沢謙二・菊池真由子・春日井淳夫
木谷光宏・澤木 明・小林ふじ子・長山 萌
［共著］

経営書院

はじめに

人生100年・生涯現役時代となった現在の日本社会は、私たちの一人ひとりが長い人生を、また生活のあり方を考え、個々人が積極的に自身の生活のありようを考えるべき時代に立っています。

かつての定年55歳、60歳の時代、また65歳の時代に企業、自治体、団体等に勤務していた先輩の方々は、退職後はときに旅行をし、趣味の生活を送るといった人生"一毛作"の生活スタイルだった方々が大半でした。しかし、多くの健康で元気な70代、80代を超えた中高年世代が社会を構成する現在の生涯現役社会では、より人生を有意義に、積極的に過ごす大切さが広く社会に認知されており、個々人がいかに充実した日々を送るかを考える時代になってきました。

人生100年時代の一員としての私たちが人生二毛作、三毛作へとスムーズにライフ・シフト（人生行路の転換）をするためには、まずは"健康"が大事であり、健全な"資産管理"に取り組んでいることが生活基盤の骨格になります。そのためには、いままで歩んできた50年間を振り返り、ここをターニングポイントとして人生100年に向けていかに充実した人生を送るかを考え、着実に準備をし、生活設計づくりに取り組むことが大事になるといえます。そこで私たちは、これまで歩んできた社会生活、職業生活で蓄積した知識、情報、ノウ・ハウ、職業能力、キャリア、取得した資格などの資産を有効に活用して、充実した日常生活、充実した人生を送るための態勢を整え、いろいろと考えてこれからの生活を設計し、その実現に向けて着実に取り組むことが大事なステップになるといえます。

本書の執筆者は、中高年世代を対象にした生涯生活設計研修、キャリア開発研修などを中心にした種々の教育研修活動に関わっており、中高年世代が直面している課題に接する機会があります。ここでの貴重な体験をふまえて本書は、各執筆者が自身の専門領域を整理し、中高年世代が人生100年に向けて考え、取り組んでおくべきポイントを簡潔に紹介しています。

本書は、生涯生活設計研修、キャリア開発研修等の教材としてもご活用いただける内容となっています。多くの読者の方々が本書を通じて「人生100年・生涯現役社会」の一員として生活設計づくりに取り組み、有意義な人生を送るための計画づくり、目標を円滑に達成するために着実に取り組まれることを期待しております。そして、生活設計を考えるにあたっては、本書各章のポイント、資料などを吟味し、自身の取り組むべき課題を明確にして、行動目標を設定すること、また、日常生活を送るにあたっては日々心掛けたい食生活、健康な身体を維持するための取り組みを実践し、人生100年時代を健康に送るための基盤を作ること、心がけることを期待しております。

本書を刊行するにあたっては、多くの企業、自治体、団体等が実施する生涯生活設計教育研修活動に関連するプログラム設計、講演・研修活動のコーディネーター役を担っていた村田一浩氏の構想をベースにして企画し、産労総合研究所出版部経営書院の協力を得てまとめることができました。経営書院の皆様に心から感謝申し上げる次第です。

執筆者を代表して

梶原豊

2023年 8 月吉日

目次

終　章　人生100年・生涯現役時代に求められる行動力

参考資料

人生100年・生涯現役時代の生活設計

(1) 変化し続ける社会での人生100年

人生100年について考えるにあたり、まず、この日本社会における100年の歴史を振り返ると、20世紀のなかばに第２次世界大戦が勃発し、わが国はアジア全域での戦争を体験しました。そして、終戦後は荒廃した国土の再建、経済再建が進められましたが、1945年から21世紀に至る約50年間は、わが国の生活スタイルがそれ以前と比較して大きく転換した時代でもありました。そして年号は昭和から平成（1989年）に変わり、世界は人も企業も情報も国境を越えて交流するグローバリゼーションの時代となり、さらに平成から令和（2019年）の時代へと進んだ今日の社会は、技術革新がすすみ、社会システムが変わり、私たちの生活環境は日々急速に変化しつつあります。

社会の変化に対応して、企業等の経営のあり方も急速に変革を迫られてきました。その一つとしてあげられるのは、日本の経営風土の上に成り立っていた終身雇用、年功制、賃金制度、企業別組合等々の慣行、制度からの変化です。また在宅勤務制度、サテライトオフィス勤務、フレックスタイム制等の普及、兼業、副業等の容認等々、働き方も多様化しつつあります。

日進月歩の技術革新は、日常生活、職業生活全般にもさまざまな影響を与えています。例えば、貨幣を持たずに携帯電話（スマートホン）で決済するキャッシュレスの生活、長年携わってきた仕事でつちかった技術・技能が不要になる場面が生じる職業生活など、現代社会は際限なく変化し続けています。さらにわが国は、出生率の低下、人口高齢化の進行が激しく、老齢人口比率[*1]、老年人口指数[*2]ともに急

＊1　老齢人口比率：全人口に占める65歳以上の人の割合。国際連合の基準ではこの比率が７％を超えると高齢社会としています。わが国は1970年（昭和45年）にその基準に達しています。

＊2　老年人口指数：15歳から64歳の生産年齢人口に対する65歳以上の老齢人口の割合を数値化したもの。

速に高まっており、少子・高齢化社会、超高齢化社会となっています。

私たちはこの世に生を受けて半世紀の間に学校で学び、仕事で学び、成長してきました。この変化し続けている社会において、これからの人生をどのように送ることが社会の一員として大事であるかを考え、そして実践することが求められています。

(2) 求められるのは“実践すること”

現在のわが国は、労働の場も、日常生活の場も、さまざまな国の出身者、さまざまな価値観・意識の人たち、生き方の人たちが共に生活をする場（共生社会）へと変化しており、多様な人たちが共に働くダイバーシティ・マネジメント[*3]を実践することが期待されています。また急速に変化し続ける現代社会は、将来を見通すことが難しく、VUCA《ブーカ》 world《ワールド》[*4]とも称されています。このような現代社会においては、情報社会の進展や、価値観・意識の多様化に対応する難しさがあり、個々人の生き方も必然的に多様になっています。社会の一員である私たち一人ひとりには、自分自身の生き方、進むべき道をじっくりと考え、前にすすむ姿勢を維持することが求められているのです。

たとえば、日常生活に大きく影響する健康をいかに維持するかという課題があります。世の中には様々な健康法や多くの健康食品が紹介されています。○○を食べれば健康を維持することができると喧伝される食品、サプリメント、あるいは料理法があります。しかし、これらの紹介される健康法、食品、サプリメントなどの全てを日々の生活

＊3　ダイバーシティ・マネジメント（diversity management）：多様な人材を活用し、また育成に取り組む経営管理活動を意味します。

＊4　VUCAworld：急速に変化し続ける現代社会を表現した言葉として使用されています。V は volatility（変動性）,U は uncertainty（不確実性）、C は comlexity（複雑性）、A は anbiguity（曖昧性）を意味します。

に取り入れることは大変なことです。健康法はせめて一つぐらい、自分に最も合った方法を一定期間実践してみなければ効果を実感できないでしょう。健康食品も自身に最も合ったものを選び試してみることが必要でしょう。ここで大事なことは自身の生き方、生活スタイルに合った無理のない健康法の選択であり、食品の選択をすることで、そしてそれらのことを実践することです。

私たちはいま、これまでの生活をふり返り、これからの人生をどのように生きていくかを考え、生活設計（life design）*5づくりに取り組むべきときにあります。人生100年を有意義に過ごすために、自分自身のことをじっくりと考え、学んだことは実行に移し、熟慮断行の気構えを確立し、自助努力を日常生活の中で実践する――このようなことが人生100年・生涯現役時代の一人ひとりに期待されているといえるのです。

(3) いま取り組むべき課題を明らかにする

すべての人は一生のうちに様々な出来事（life events）*6に遭遇し、体験します。心理学者のアドラーは、それらは人と人との交わりで生

＊5　生活設計（life design）：人生100年を健康に、有意義に、そして充実した生活を送るうえでネックになると予想される課題に直面しないために取り組む人生設計・生活設計を意味します（第3節参照）。

＊6及び＊7　ライフ・タスク（life task）とライフ・イベント（life ivents）：人生には避けて通れない課題（life task）があります。それらは①仕事の課題、②交友の課題、③愛の課題とされます。そして人生において私たちはさまざまな出来事に直面します。それが人生の出来事（life ivents）です。

私たちは人生においてさまざまな苦しみ、不安な気持ちになるなどの出来事に直面します。それらは受験、入学、就職、転職、失業、恋愛、結婚、妊娠、子育て、子供の独立、離婚、借金、病気、退職、介護死別などですが、これらは本当の悩みではないとされます。これらはストレスを引き起こす人生の出来事であり、ライフ・イベントのともなう人間関係の悩みでもあり、「他者と一緒にいることが苦痛」であるという人間関係こそが問題であるとされます。永江誠司「アドラー珠玉の教え－自分の人生を最高に生きる77のヒント－」講談社、2018年。

じる課題、就いた仕事で生じる課題、夫婦・家族・親子といった愛情がからむ課題（life task）*7に分類できると整理しています。確かに人は一般的に、誕生してから、家庭生活や社会生活、職業における体験をしていく過程があり、それぞれの過程において、良いこと、悪いこと、避けたいこと、嬉しいことなど、さまざまな悩み、葛藤を体験して成長していきます。

仕事の場では、社会人としての常識、挨拶の仕方、言葉づかい、エチケット・マナー、仕事に必要な知識・技術・技能、組織の一員としての行動の仕方などの多くのことを学び、その過程では組織という場での人間関係、目的を持った組織での生き方を学びます。人としては、結婚や子育てを通じてのさまざまな体験もあるでしょうし、年齢を重ねるにともない体験する種々の出来事などもあるでしょう。

私たちは、人生において通過する40代、50代、60代、70代、そして80代を超えても、実に多くのライフ・イベント、ライフ・タスクに直面し、体験し、多くの課題を乗り越えることを求められています。

いまここで、これまでの経験を貴重な財産として活かし、これからの人生100年時代をいかに生きるか、生きるべきかを考え、方針、目標を立て、人生設計・生活設計に取り組むことが大事なステップになります。

(4) 生涯生活計画づくりに取り組む

人生100年をどう生きるか。幼少年期を過ごし、学校を卒業して社会人となってから、そして現在に至るまでの人生において“私の生活はどうであったか”“私は思い描いてきた人生を送ってきたか”“私はこれからの人生をどう生きるか”といったことなどをふり返り、考えてみることが人生100年時代を有意義に生きるための大事なステップになります。

50代、60代、70代、80代の人たちのなかには、若い時に“こうしておけば良かった”といった反省の弁を口にし、繰り言を語る人がいます。人生のある時期に計画を立て、その通りに目標、目的を達成し、全て順調な生活を送ることが出来たという人は恐らくそれほど多くはないと思われます。しかし、私たちにはこの世に生を受けてから体験をした様々な出来事、課題に直面し、それらを乗り越えてきた貴重な体験があります。この体験をふまえ、これからの人生をどう生きるか、いかに有意義に過ごすかを考え、経済面、健康面、社会参加などに関して総合的に考え、生涯生活計画*8を実践するための生活設計づくりをするときがいまなのです。

新たに生活設計を立てても、必ずしも100%計画通りの生活が出来ないケースがあるでしょう。そうだとしても、私たちには可能な限り人生100年・生涯現役社会での人生はこのシナリオで行こうという計画を立て、積極的に人生を送ることを考え、“前へ”“前へ”と進む実践的なシナリオを描き、行動に移して行くことが期待されています。

〔序章〕梶原豊：高千穂大学名誉教授（人的資源管理論）

＊8　生涯生活計画（total life plan）は人生設計・生活設計の核となる経済生活、心身の健康管理、キャリアの活用・開発を中心とした生活設計計画であり、通常研修プランとして編成する場合は、税金・法律の知識、時間の使い方、中高年齢期以降の役割変化等々を加えたプログラムにより実施されています。

第1章

キャリア

~Career~

第1節

力強く生きるための処方箋づくり

(1) いまの自分を見つめる

人生100年時代を“どのように生きるべきか”“どのように生きるのが良いか”。

例えば、人は50代になった時に“何を思い”“何を考える”ものでしょうか。“自分の能力を活かしている、幸せだ”と思い満足する人、“あれをしたかったが、残念ながら出来なかった”と50年間をふり返る人、そしてこれからも50代までと同じような生活スタイルを続けようとする人もいれば、生活スタイルを変えねばならないと考える人もいるでしょう。このようなさまざまな思いが50代になった人たちの胸に去来するのではないでしょうか。

人生100年の時代とは、かつての人生50年と言われた時代とは異なり、50代、60代、さらには70代、80代となっても生き方を見つめ直し、気づいたことを修正しつつライフ・スタイルを変えることが可能な時代です。

世の中の多くの人は保有能力の10％程度しか活用していないという説がありますが、中高年といわれる世代の多くの人たちには恐らく未開発の能力、眠っている能力があり、これからも未知の分野にチャレンジ出来る可能性を持っている「有力な人材」といえます。そこで大事なことは、中高年といわれる年齢に達した時に、いかにして健康寿命[*1]を維持しつつ、自分を見つめ直す機会を持つか、ということです。そして、50代以上の中高年世代にとってはここでの取り組み―どのような人生を送るかを考える―が、その後の人生を有意義に過ごせるか否かの分岐点になるのではないでしょうか。

その際には、従来から活用しているテレビ、ラジオ、新聞、雑誌などから知る身近な情報、友人、知人から伝えられる情報などとともに個々人がスマートホン、パソコンを活用して情報へアクセスするなどの姿勢、変貌し続けている日常生活の状況を認識し続ける姿勢、積極性が、自分を見つめ直すうえで大事なポイントの一つになります。

一方で、この変化し続ける生活環境のなかで、私たちの日々の生活において、個々人がしっかりとした自身の生活信条を持つことが求められているともいえます。看脚下（かんきゃっか：足もとを見よ）という言葉をかみしめて、これからの有意義な人生を送るための指針となる生涯生活計画の意味を考え、自身の生涯に関わる健康な生活の基盤づくりに取り組むことが期待されています。

(2) セールス・ポイントと学ぶことを確認する

世の中には、学生時代を終えて職業に就き、そして結婚し、子どもを育て、仕事一筋の生活を送ってきたのだ、という人がいます。また仕事をしながらも自身の趣味を大事にし、生活を謳歌してきたのだ、という人もいます。仕事（職業）と日々の生活とを両立させることの重要性が指摘されてはいますが、みなさんのこれまでの生活は、どのようなものだったでしょうか。

この世の中は十人十色、千差万別であり、一様に鋳型にはめて人の

＊1　健康寿命：健康上の問題で日常生活を制限されずに暮らせる期間を意味すると定義されていますが、中高年齢者が心身ともに健康に生活を送るためには常に意識しておくべき言葉だといえます。

人生を云々できるものではありませんが、多くの人にとって職業（仕事）と日々の生活とのバランスの取れた生活を維持することは容易なことではないといえるでしょう。

学校を卒業して仕事に就く。この段階においては適性検査、職業興味検査などを体験し、進路相談、カウンセリング、両親、親友、指導教授などからのアドバイスなどもあり、自身もあれこれと将来の進路を考える機会があったことと思われます。そこで選択し、就いた仕事、職場の状況、仕事の内容は、自身が考え意志決定をした時の思いと就職前後とで一致していたでしょうか。あるいは学校で学んだこと、専攻したことを活かすことができているでしょうか。これらのことをふり返ってみると、いろいろなことに気づき、考えなければならないことが出てくることと思われます。

そこで、少なくとも青年期から現在にいたるまでの生活、20年、30年の職業生活体験をふり返り、自身のセールス・ポイント（長所）は何かを確認してみてはどうでしょうか。そしていま考えられるなかでの今後の生き方、生活スタイルに合わせて努力すべき目標、能力開発すべき学習の方向、学ぶべき内容、学ぶべきことを確認してみてはどうでしょうか。

幸い、現代社会は学ぶための機会は多様化しており、例えば、全国の大学、大学院は社会に出て人生体験、職業体験を積んだ方々が学ぶ場―リカレント教育―[*2]にもなっており、学ぶ場は豊富にあります。技術革新のすすむ情報社会のなかで生活をしているということを再認識して、学ぶべきことを確認することは、これからの人生を有意義に過ごすための人生設計づくり、生活設計づくりに役立つことでしょう。

＊2　リカレント教育：リカレント（recurrent）には再現する、繰り返すという意味があり、リカレント教育は、学校を卒業し、就職する。そして再び学びなおすという「教育（学び）と仕事」を繰り返す学び方を意味します。近年一部の大学、大学院にはさまざまな仕事、キャリアを体験した多くの中高年世代が学ぶケースが拡がっています。

(3) 学ぶために行動する

世の中がゆっくりと変化をしていた時代には変化に乗り遅れるという人はあまりいなかったかもしれません。しかし、日々急速に変化し続ける今日の社会ではどうでしょうか。

たとえば、私たちの社会全体、生活環境に影響を与えているグローバリゼーションの進展に対応して求められる国際語としての英語によるコミュニケーション能力は十分でしょうか。民族、国家、宗教、言語、生活習慣の異なる外国人と交流をする際の異文化対応力、センスを持ち合わせていますか。自己点検をしてみるとどうでしょうか。

かつて学んだこと、習得した技術・技能などの職業能力は現代社会の変化、技術革新の進展に対応しているでしょうか。自己点検をしてみるとどうでしょうか。

学生時代の友人、郷里の友人、かつての勤務先の仲間は大事な友人、知人ではありますが、いつも同じメンバーの人たちとだけの交流の場では、いつも同じようなことが話題の大半を占めることになっていないでしょうか。

若い世代と対話をしていると、この頃の“若い世代の考え”“若い世代が使う言葉の意味がわからない”などと、世代間の意識、生活スタイルのギャップを感じることはないでしょうか。

人はいくつになっても好奇心が大事であるといわれています。いつも同じ人たちとだけ交流をしている、世の中の動向への関心が薄い、新しいこと、変化には関心がなく、同じ生活パターンを何十年と繰り返す生活を送っているという生活スタイルになっていないか、ふり返ってみましょう。

人生100年・生涯現役時代の現代社会では、私たちの一人ひとりが社会の一員として、世の中の変化に常に対応していることが求められているのです。

“この頃あの人は感度が鈍くなったなあ”“あの人はこの頃あまり話をしなくなった”“あの人はこの頃あまり笑わなくなった”などと、特定の友人、知人、仲間の評価を耳にしたことはないでしょうか。

なぜあの人はあまり話をしなくなったと評価されるようになったのか。なぜ、あの人がこの頃笑わなくなったのかを考えてみると、そのように評価される人たちは行動半径が狭く、交流する人が特定の人に限られているという共通の傾向が見られます。新しいことを学ぶ意欲や積極的な姿勢、そして学ぶために行動することのない人は、感度が鈍くなったなどと評価される傾向があるともいえます。

また、学歴、過去に勤務をしていた会社、現在勤務をしている会社、勤務先などでの役職位などとは関係なく生活すること、狭い職場だけで通用していた言葉づかいや態度をあらため、日々楽しく生活することを心がけること、日常生活の場での近隣の方々との挨拶、会話、友人たちとの交流、ボランティア活動、趣味の仲間との交流などを通じて、常に生きがいを感じる生活を維持していくことなどが、とても大事な生活姿勢になることを肝に銘じておきたいものです。

ボケたらあかん！　という一言を胸におさめて、常に新しいことを学ぶ姿勢、多くの人たちと交流する積極的な生活姿勢が心身機能の低下を遅らせるポイントになるとともに、社会から孤立することを避けるためにも大事な生活姿勢であり、人生100年・生涯現役時代の社会の一員には求められているといえます。

第2節

人生行路転換のための具体的行動

(1) 過去の体験・取り組んでみたかったことを思い起こしてみる

多くの方は、幼少年期に大きくなったら○○になりたい、○○の仕事をしてみたいといった夢を描いて過ごした時期があったことと思います。中学校、高等学校に進学する年齢になると、さらに具体的に将来就きたい仕事に近づくための進学先を選択するなど夢を現実にするための勉強をし、その結果夢を叶えることが出来た人、あるいは他の道へと進路を変えた人、進路を変えざるを得なかった人もいたことと思います。その後はそれぞれが仕事に就き、広く社会での生活体験を積み重ねる――というのがかつての時代に多くの人が体験した人生行路だったといえます。

そして、20代、30代、40代、50代と、仕事においてさまざまな体験を積み重ねたその後のことを考えると、かつての時代は、多くの人が定年退職後はほとんど社会参加をすることなく人生を終えていました。かつては、学校入学—卒業—就職—定年退職といった画一的な人生行路があたりまえの時代だったからです。

一方、人生100年・生涯現役時代である現代社会は、全ての人が生涯現役時代の一員として生活をしています。50代、60代、70代の人たちも、何らかの仕事に従事している、あるいは何らかのボランティア活動、地域社会の活動へ参加するなどを経験しており、この年代はまさに人生行路転換（life shift）*1をする時期だといえます。また若き日から副業、兼業をするなど複数の仕事に精を出す生活を送ってきた人は起業するか否か、このまま続けるかとあれこれと考える時期でもあります。

“私の人生は充実した人生であった”と思い返すことが出来る人生を送るためにも、50代、60代の人生の節目には過去に体験をしたこと、“これをしたかった”という想いを思い起こして、これまでの人生でつちかった社会体験、キャリアを活かして、想いを実現するために努力するという考えはどうでしょうか。

ただし私たちが若き日に描いた“想い”は、今の私たちの年齢、生活環境を考えると難しい“想い”であることもあります。まだまだこの年齢であれば想いを実現することが可能という条件を見いだせるならば“想い”を実現するための具体的な計画づくり、行動計画づくりに取り組むことが期待されます。

(2) どこで学ぶか

技術革新の進展によって、生産現場では治工具が変わる、仕事の仕方が変わる、仕事そのものが無くなる、戦略展開にともなっての突然の配置転換や人員整理がある、といった状況もあり、私たちの職場はときには徐々に、ときには急速に変化をする時代になっています。21世紀の現代社会では世の中からなくなると予測されている仕事、職業がいくつもあります。これらの仕事、職業に従事している人、あるい

＊1　人生行路転換（life shift）：いままでの生活スタイルを転換するという意味合いと、さまざまなライフ・イベント、ライフ・タスクを乗り越えて次のステージに移行するというキャリアの転換（キャリア・トランジション：career transition）の意味合いがあります。

は他のさまざまな仕事、職業に従事している人も急速に変化し続けている社会では、蓄積した仕事上の能力、ノウハウが使えなくなってしまう状況があるということを念頭において自己啓発に努め、毎日を過ごすことが生活姿勢として大事な時代であるともいえます。そしてこのような変転する社会において、また人生100年・生涯現役時代の社会の一員として人生行路の転換を考えるにあたっては、とにかく世の中の潮流、トレンドを把握し、体験した仕事でつちかった能力、キャリアの棚卸しに努め、これから進むべき方向を考え、実践する姿勢、確固とした意志、行動力が重要です。

例えば、長年体験してきた仕事（職種）から他の分野に進路を変えるにあたっては職種転換のための能力再開発訓練、技術革新、新しいビジネスモデルの変化に対応するために学ぶリスキリング（reskilling）研修[*2]、学習が大事な取り組みであり、機会になります。

今まで従事してきた仕事、キャリアとは異なる分野の仕事に就きたい、資格を活用して新たな仕事に挑戦したい、起業をしたい、新たに技術・技能を習得して次に挑戦したいという考え、気持ち、意欲がわいてくることも考えられます。人生行路転換の方向は人によりさまざまであり、そこで求められる能力も一様ではないといえます。

実践的な技術・技能を習得したいという場合には関係するコースがある職業能力開発促進センター（ポリテクセンター）、専門学校など

＊2　リスキリング（reskilling）
DX（Digital Transformation）は「IT（Information Technology）の浸透が人々の生活をあらゆる面でより良い方向に変化させる」という考えであり、ITはコンピュータ、インターネットを活用した情報技術を意味しています。リスキリングはDXに対応できるためのスキル（知識・技術・技能）の向上に努力するための学び直しを意味しており、個々の企業が取り組む教育研修活動（OFF・JT）を通じてDXに対応するための能力向上が期待されています。2020年スイスのダボスで開催された世界経済フォーラム年次総会において、今後の社会においてリスキリングの重要性が発表されたのを契機にして、産業に従事する人たちの学び直しの重要性が浸透しつつあります（reskilling revolution）。

を活用することができます。新たな知識の習得、情報に接するという場合には大学、大学院を活用することができます。大学という学びの場には自然科学、社会科学などの分野に専門家、研究者がおり、知識、情報が蓄積されています。これらの場はかつて取り組んでみたかったこと、体系的に学びたいこと、学び直してみたいこと、そして新たな人生に向かって人生行路の転換をするためのステップとしての学ぶ場（リカレント教育の場）でもあります。たとえば大学にはそれぞれ歴史があり、特色としている領域があります。その特徴を知り、それぞれの大学の学部、大学院、あるいは公開講座等々を有効に活用し、専門家、研究者の指導を受ける機会をつくるならば、大学は効果的に人生行路転換を実現するためのヒント、情報を得る場、機会をつくる場になることが期待出来ます。

(3) 新たな資格取得への挑戦

仕事に直結した公的資格・能力認定制度には、公認会計士、税理士、宅地建物取引員資格等々の国家資格とともに、技術・技能系職種を対象にした「技能検定制度」[*3]があり、事務系・ホワイトカラー職

＊3　技能検定制度：職業能力開発促進法に基づいた職業能力検定制度であり、主とし技能労働者に対して、職業能力水準に対応した段階ごとに、特級、1級、2級、3級、基礎1級、基礎2級、単一等級区分として、技能士の称号を与えている。技能検定試験は都道府県職業能力開発協会、厚生労働大臣の指定を受けた事業主団体（指定事業主団体）等が学科試験を実施しています。

技能検定職種は建設関係、窯業・土石関係、金属加工関係、一般機械器具関係、電気・精密機械器具関係、食料品関係、衣服・縫製品関係、木材・木製品・紙加工品関係、プラスチック製品関係、貴金属・装身具関係、印刷製本関係等々に分類されていますが、その他に指定試験機関（民間機関）が実施するウエブデザイン、キャリア・コンサルティング、ピアノ調律、ファイナンシャルプランニング、知的財産管理、金融窓口サービス、着付け、レストランサービス、ビル設備管理、情報配線施工、ガラス用フィルム施工、ビルクリーニング、ハウスクリーニング等々があります。

種を対象にした「ビジネス・キャリア検定制度」*4があります。

これらの資格、検定・認定制度で認定された能力等級は、公的に認定された能力のレベルといえます。中高年齢者がいまこの時点で自身のビジネス能力を客観的に測定しようと考えるならば、それぞれ体験してきた職業、職種と関連した領域の能力認定・検定制度に挑戦して自身の能力を客観的に評価してみることが、次のステージへ歩みを進めるための貴重な機会になるといえます。これらの能力認定・検定制度による能力評価は、いまの自身の能力水準の認定であり、労働市場で評価される際の重要なポイントになるともいえます。特にホワイトカラー職種の職業能力評価は厳しいケースがあり、自身が広く労働市場で評価される能力を保有しているか否かを客観的に評価する姿勢は大事です（巻末資料「職業能力について考えるための情報」149頁参照）。

中高年齢者が目標とする資格はさまざまであり、それぞれの難易度、学習方法も異なります。ここで重要なことは資格ならば何でも良い、とにかく何でも良いから資格を取得しようと資格の内容を充分に研究することなく取得した資格は取得をしたとしても活用出来ないケースが想定されることです。

取得する資格は自身にとってなぜ必要なのか。目指す資格は体験してきた職業生活、職業能力を客観的に評価するために有効な資格になるか否かを考え、また取得した資格は新たなステージで活用出来るか否かを考えて学習することが期待されます。

＊4　ビジネス・キャリア検定制度：厚生労働省が定める職業能力評価基準に準拠して、職務を遂行するうえで必要となる知識の修得と実務能力の評価を行うことを目的とした制度であり、制度に基づく検定試験は、人事・人材開発・労務管理、経理・財務管理、営業・マーケティング、生産管理、企業法務・総務、ロジスティクス、経営情報システム、経営戦略の領域があります。能力評価基準は、1級、2級、3級、BASIC級があります。

(4) 広く社会と関わる

学校を卒業後、就職をして20年、30年の歳月を経た50代、60代の人たちにとって、自身の“来し方行く末”を考える時は人生100年・生涯現役時代の社会の一員としての大切な節目―ライフ・シフト（人生行路転換）の節目―になります。ここでは自身の行動半径、友人、知人との交流状況を見つめてみることも大事です。

仕事に比重を置いた現役時代は家と仕事の場との往復で過ごした20年、30年であったかもしれませんし、交流するのは学校時代の友、勤務先の同僚が中心の20年、30年であったかもしれません。

定年退職後の日常生活では、行くところがない、居場所がないという生活を送らないためには、いまからでもワーク・ライフ・バランスを実践して、若干なりとも行動半径を広げる努力をすることが大事な生活姿勢になるといえます。そして、学校時代の旧友と数年に一度程度の飲食をともにする、あるいは昔の勤務先の同僚と年に一度程度飲食をともにするのみという生活スタイルでは新鮮な情報にふれる機会にはならないということを確認しておくことが、中高年期に心身ともに健康な生活を送るうえでの大事なポイントになります。

人生行路転換を考える年齢に達したこの時点では、いかに広く社会との交流関係をつくるかを考え、計画に織り込むことが大切です。

何らかの仕事をする、ボランティア活動に参加する、趣味のサークルに参加する、地域社会の活動に顔を出す機会をつくるなど積極的に行動することで、新鮮な情報に接する機会をつくることができます。とにかく中高年世代は行動半径を広くする、過去から交流をしている友人、知人とともに広く交流関係を作る努力をすることが孤独にならないためのステップであるとともに、ボケ防止にもなるともいえます。

第3節

生涯現役時代を送るための計画づくり

(1) 人生の三大不安への備え

私たちは社会の一員として、さまざまな仕事・職業に就き、日々の生活の中ではさまざまなライフ・タスク（life task：人生の課題）、ライフ・イベント（life events；人生の出来事）に直面し、それらに対応しつつ生活しています。中高年世代がここで考えておくべきことは、人々が人生において直面する可能性がある「人生の三大不安」といわれる「貧困・孤独・病気」（巻末　生活設計を行ううえで念頭に置くべき事項　152頁参照）が中心になるといえるでしょう。

企業等に勤務するサラリーマンであるならば、この「人生の三大不安」に備えておくために、定年という職業生活の節目、人生の節目に直面する前から、定年後の生活を見据えた健康な生活を送るにあたっての準備をし、計画をしておくことが課題となります。

まず可能な範囲で計画的な貯蓄を心がけるなどの準備をしておくことが、「貧困」という経済的な課題への対応の一つになります。そして人生100年・生涯現役時代の社会の一員として生活をするためには、いろいろな社会体験をした人たちと幅広く交流する機会となる場を求める姿勢をもち、行動をすることが「孤独」とは縁のない生活を送るための要件になり、課題への対応になります。そのためにはキャリアを活用して何らかの仕事をする、ボランティア活動に参加する、地域社会の活動に参加する、趣味のサークルに参加するなど常に社会とのつながりを保つことが生活姿勢として大事な生き方になるといえます。「病気」に備えておくうえでは、いかに健康を維持するための努力をするかが大事であり、課題に直面した際にへこたれない精神的な強さ（resilience）を備えておく努力も課題への対応になります。

私たちには50歳に到達した段階で、60代、70代、80代、そして90代、100代へと健康な生活を送るための生活スタイルをイメージし、それぞれの年代に対応した生活設計、生涯生活計画づくりに取り組み、実践することが求められています。

そこで、まず人生100年・生涯現役時代の一員として着実に心身ともに健康な生活を送るためのステップとして、いまこの時点での「人生の三大不安」という課題は自身にとってどういう状況かを冷静に、客観的に自己点検してみてはどうでしょうか。自己点検の結果、いままであまり考えていなかった課題に気がついた、自身に欠けていることを確認した、そして不安だと感じたことなどがあるならば早急に改善するために一歩を踏み出してはどうでしょうか。

(2) 若さを維持するための生活姿勢の点検

サムエル・ウルマンは多くの人が感銘し、示唆を与え続けている詩「青春（Youth）」で「青春とは人生のある時期ではなく、心の持ち方を言う」としています。私たちは年齢を重ねるにともない、個人差はあるものの体力の衰えを自覚し、年齢を重ねたことを自覚せざるを得ない状態に直面することがあります。この年齢を重ねて衰える体力も、日頃から体力維持を心がけている人と、そうではない人との差があり、全ての人がある年齢に到達したから感じるというものではないと思われます。

心がけておくべきことは、“私は60代だから”“70代だから”“80代だから”と年齢を枕詞にして、自身が年老いたことを喧伝するかのような姿勢を避けることです。仮に自身が年老いたことを自覚していなくても“私は年齢（トシ）だから”などと喧伝していると、その人を取り巻く人たちがそのように評価をしてしまうことになりかねません。「老人であろうと、若者であろうと、原則はあくまで自立すること」[*1]であり、他人に依存しないで自分の才覚で生きるという姿勢が身についていることが大切です。

心身ともに若さを維持するための感性を維持し、“前へ”“前へ”と進む生活姿勢を維持し続けることが、人生100年・生涯現役時代の一員として生活をするための第一歩になるといえます。

(3) 充実した生活を実現するための目標設定

私たちが日々漫然と過ごすような生活を送っているようでは、人生100年・生涯現役時代の社会の一員として生活をするための要件を満たしていることにはならないでしょう。

直面するさまざまなライフ・タスク、ライフ・イベント、職場での課題を克服しつつ心身ともに健康な生活を維持することが生活姿勢として大切です。職場であれば、組織目標と個々人が立てた行動目標とを関連付ける目標管理があたり前のように定着していることでしょう。私たちは職場では“○○を達成する”という目標を明確にし、それを達成するための方法、手段を考え、行動しているのです。

人生100年・生涯現役時代の社会の一員としての生活を送るにあたって、仕事で体験をしたこの目標管理の考え方、取り組む姿勢を思い起こし、生活設計に取り組み、職場で体験していること、体験したことを生活場面でも活用してみてはどうでしょうか。

＊1　曽野綾子「老いの才覚」KK ベストセラーズ、2010年。

まず人生100年・生涯現役時代の社会の一員としての生活を送るために取り組むべき生涯生活計画を考え、そのプランを実現するための目標を明確にします。そして目標を達成するための方法、手段を考え、具体的に行動するための計画を立ててみます。ここで私たちが仕事で体験したノウハウを大いに活用して、人生100年・生涯現役時代の社会の一員として生活をするための“私の目標管理”を実践することがポイントになります。

(4) 行動目標の明確化

中学生、高校生の時に立てた勉強計画を記憶しているでしょうか。その計画はその後どうなったでしょうか。計画を立てて終わってしまったという体験をした方もいるのではないでしょうか。しかし、人生100年の計画を立てたならば必ず実行、実践し、目標に到達するという意識、姿勢、意志、努力、実行する行動力が求められています。

健康を維持するために何らかの体操教室に通ったり健康法を習ったりしても、習得した健康法を実践することがなければ、健康を維持するという目標を達成することは期待できないでしょう。

「年齢（トシ）をとる」と好奇心が衰える傾向があると言われてはいますが、この傾向も十人十色で全ての人にあてはまることではありません。世の中の新しい動き、流行といった時代の変化を端的に表している状況に興味、関心がなくなったということが“精神的に老いた”現象ともいえます。

人生100年の時代は、かつての人生50年の時代とは比較にならない長い生活時間があります。仕事も人生100年の間には変わるでしょうし、生活全体が大きく変わるケースもあるでしょう。人生50年時代は単線型の人生（一毛作の人生）を送る人が多数を占めていた時代でした。しかし、いまや人生行路は複線型の人生行路（二毛作・三毛作、

図1　「生活設計の構造」

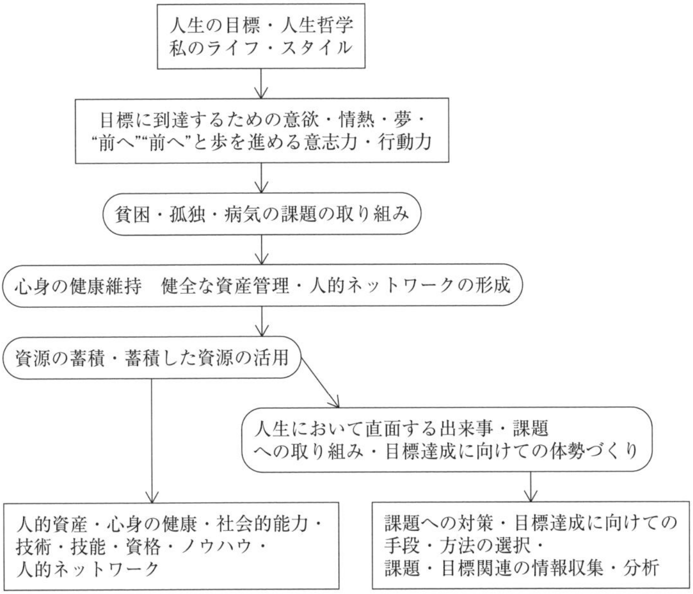

四毛作の人生）があたりまえになったと言えます。

リンダ・グラットンは人生100年時代には次の３つの無形資産を持つべきであるという、示唆に富む主張をしています。その第１はスキルと知識、仲間や周囲からの評判など仕事の成功に役立つ資産（生産性資産）、第２にバランスの取れた生活、家族との関係など肉体的、精神的な健康（活力資産）、第３は人生の過程で変化を促す、多様性に富んだ人的ネットワーク（変身資産）です（巻末　生活設計を行ううえで念頭に置くべき事項　152頁参照）。私たちにとっては生涯生活計画を描き、生活設計に取り組み、目標を定め、実行、実践して豊かな人生を送るための心がけをすることが大事であり、それは人生100年・生涯現役時代の社会の一員としての役割になるともいえます（図１参照）。

第 4 節

50歳・60歳の時点から取り組むキャリア開発計画

(1) キャリア・ドックの機会の活用

定年年齢が55歳だった時代、そして定年60歳の時代の中高年世代は、定年後の人生は“悠々自適”の生活を送るのだという人たちが多数派でした。しかし、65歳までは働き続けることがあたり前になり、さらには70歳定年制を導入する企業もあり、年齢を基準とした定年制の見直しが議論されるなか、中高年世代の意識は大きく転換しました。いまや中高年世代の意識、価値観は過去とは大きく異なっており、健康であれば可能な限り生涯にわたって何らかの仕事に従事し続けたい、社会活動を続けたいという人たちが多数を占めるようになっています。

そこで私たちの一人ひとりは、人生100年時代に対応した生涯生活計画を考え、具体的な人生設計に基づき、人生の節目にはそこで描いた目標に向けて人生行路転換のために行動を起こすことが重要になってくると思われます。

生涯生活計画づくりの過程においては、社内外のセミナー、研修、研究会などに参加をする機会をつくり、キャリア・コンサルタント、キャリア・カウンセラー、人事スタッフとの面談の機会をつくることも大切です。いろいろな情報に接し、考え方を学べば、自分自身を客観的にみつめる大事な機会にもなります。

この生涯生活計画をつくるにあたっては、自らの長所・短所、性格を再確認し、キャリアを振り返り、多面的に考え、生活設計、行動計画づくりに取り組む機会―キャリア・ドック（自身のキャリアを見つめる）―があると理想的といえます。

例えば、CDP（Career Development Program：キャリア開発計画）（巻末　能力開発・キャリア開発と関連する人事労務管理施策157頁参照）が整備されている企業であるならば、従業員一人ひとりのキャリアはデータとしてきちんと整理記録されています。それをふまえてキャリア・カウンセリング（キャリア・コンサルティング）の機会があると、それはキャリアを定期的に見つめるキャリア・ドックの機会になります。

また人事考課公開制度（人事考課フィードバッグ制度）が導入されていて、適切に考課期間に評価された人事考課要素に関して評価者、被評価者との適切な面談が行なわれているならば、この場もキャリア・ドックの場（機会）になります。さらに上司、人事スタッフ等との面接機会がある自己申告制度（巻末　160頁参照）も、キャリア・ドックの機会になる有力な制度といえます。

たとえ現在20代、30代であっても、人生100年をいかに充実した人生にするか、いかに生きるか、いかに過ごすかを考えることは、40代、50代、60代以降の人生を送るにあたっても大変意義のある過程になります。特に中高年世代である50代、60代、70代の人たちは、人生の節目に、いままでの生活全般について、反省すべき点、あらためるべき点、これから取り組むべき点を振り返り、これからの生き方全般を見つめ直してみること等々が求められるといえるでしょう。

(2) これまでつちかったキャリアの活用

学校を卒業して企業などに就職し、社会の一員として生活を送ってきた多くの人は、就職した企業において新人研修、中堅社員研修、営業研修、あるいは技術・技能訓練、監督者研修、管理者研修などを体験（OFF・JT）していきます。また、職場では上司、先輩からの指導（OJT）を受けるなど、それぞれの職場で職業人として、さらには広く社会に通用する人として成長したキャリア形成の過程を体験してきています。

仕事の体験を積み重ね、ビジネス能力が高まるにともない監督職、管理職、あるいは専門職へ昇進するというキャリア形成の過程を体験します。これらのキャリア形成の過程は個々人の考え、客観的な能力評価によって異なります。また勤務先の経営戦略、人事戦略、人事施策によって関係会社に出向、転籍という人事異動を体験するキャリア形成の過程があり、さらには同業他社、異業種他社への転進、起業をするというライフ・シフトを体験する人も出てくることになります。

私たちが体験するライフ・シフトには、自らの意志でシフトする場合もあれば、企業等の勤務先の戦略、施策によるケースもあります。いずれのケースであっても中高年世代に到達するまでにつちかった職業能力、仕事を通じて得たノウハウを有効に活用して、次の人生にチャレンジすることが期待されています。さまざまな場面、状況においてライフ・シフトの可能性がありますが、その場面、状況において活用出来る職業能力、キャリアを備えていることが人生100年時代を有意義に生き抜く力となり、円滑にライフ・シフトをするための重要な要件になることを銘記しておく必要があります。

(3) 資産としてのキャリア活用とキャリア開発目標を確認する

私たちは何歳から中年・高年齢世代と区分されるのでしょうか。ここであらためて考えてみましょう。

仮に30代後半から50代に至るまでを中年世代とした時に、中年世代は一般に、職場においては第一線で活躍をしている世代であり、家庭生活の場においても子どもの教育など重要な役割を担っている世代といえます。この働き盛りの中年世代は、職業の場においては蓄積した職業能力が労働市場において厳しく評価され、能力とともに社会人としても多面的に評価されます。したがって職業能力とともに、人間性（人間力）を向上させるために努力をしておくことが求められる大事な時期になります。自身の職業能力がいまの労働市場においてどのように評価されるかを点検しておくことは、人生100年時代において取り組むべきキャリア活用・キャリア開発目標設定にあたっての重要なテーマになります。

そして、50代から70代に至る世代は、この年齢に到達するまでに蓄積した職業能力、キャリアをいかに活用し得るかを考える段階であり、蓄積したキャリア、体験した職業能力を陳腐化させることがないように努め、常に活用出来るように努力する段階になります。このキャリア活用・キャリア開発の目標づくりの段階では、自らの思い、考え、体験した仕事、特に思い出になっている仕事・プロジェクト、仕事でつちかった能力、取得した資格、趣味、交流関係、家庭生活などを思いつくままに書き出し、自らを客観的に見つめてみることです。そのうえでいま自らが見直すべき点は何か、活用出来る能力・資格は何か、セールス・ポイントは何か、開発すべき能力は何かと整理し、取り組むべき課題、目標を明確にすることが大事な取り組みのステップになります（本章第2節参照）。

(4) キャリア活用・キャリア開発プランづくりのSTEP

これまでみてきたように、キャリア活用・キャリア開発プランづくりとは、生涯生活計画をつくることであり、日常生活上の行動目標の一つにもなるといえます。これらのプランづくりためのステップは、次のように整理することができます。ぜひ、みなさんも取り組んでみてください。

STEP 1 :「なぜキャリア活用・キャリア開発を考えなければならいかを確認する」

いままで歩んできた自身の人生をふり返り、職業人生、社会生活を通じて体験したこと、これからもう少し取り組んでおきたいことなどを書き出してみます。このふり返りは個々人が人生の三大不安（貧困・孤独・病気）に直面しないために取り組むべきことを考える重要な過程になります。

STEP 2 :「これからの人生とキャリアの活用・新たに取り組むべき課題を明確にする」

職業生活を通じて蓄積した知識、情報、技術・技能、ノウハウ、ネットワークなどは、それぞれの人の貴重な資産です。この資産をいかに効果的に活用するか、あるいは新たに資産とすべき資格の取得、職業能力再開発への取り組み、機会の活用を目的としたリスキリング、能力開発に取り組むべきテーマは何かを確認することがポイントになります。

STEP 3 :「自身のセールス・ポイント、新たに取り組むべきテーマを具体的に整理する」

STEP1,2を通じて自らを客観的に分析し、自らを客観的に評価した結果を踏まえて、人生100年・生涯現役時代の社会の一員として生活をするための方向性を確認し、取り組む態勢を整えます。

STEP 4：「キャリア活用・キャリア開発計画づくり」

自らのセールス・ポイント（蓄積した職業能力、キャリアでつちかった能力）を活用した生涯生活計画づくりに取り組みます。またこのセールス・ポイントをベースにして新たにチャレンジしたいテーマに取り組む課題、目標を明確にします。

ここで作成したプランは必ず実行するためのプランであり、人生を健康に、平和に送るためのプランであることを確認し、いつまでに、どのような方法で達成するかを明確にして取り組むことが重要になります。

人生100年・生涯現役社会の一員として、心身ともに健康に過ごすための要件は、第一に心身ともに健康であるということです。健康を維持するためには準備が必要であり、日常生活のあり方、姿勢が大事になります。この点について、次の第２章でみていきます。

また、この第１章で考えてきた「キャリア」については、これまでさまざまな考え方が、多くの研究者や団体などから提示されてきています。巻末に、詳しい資料などを掲載していますので、ぜひ参考にしてください。

〔第１章〕梶原豊：高千穂大学名誉教授（人的資源管理論）

健康
〜Health〜

第**1**節

生涯現役のための健康管理

人生100年時代を生涯現役として生きるために50歳から始める健康管理として、最も大事なことは、怖い血管病である心筋梗塞と脳卒中を防ぐことです。何も症状がないからと放っておいた血管が、50歳を越えると突然重大な病気として出現し、命が奪われることもあります。これには加齢に伴う血管の変化が関与しています。そしてこれを防ぐには自ら病気が何故起こるのかを理解し、それに対応しなくてはなりません。つまり健康に対する自助努力こそが生涯現役として社会に貢献する鍵となります。

ここでは少々難しくなりますが、血管病の代表である心筋梗塞や脳卒中がなぜおこるのかを理解し、どう対処したらよいのかについて具体的に考えてみます。

(1) 日本人の死因の順序

日本人の死因は癌がトップで心臓病、脳血管疾患が２位、３位といった報告をテレビや新聞で目にします。世界の死因は WHO（世界保健機関）のデータでみると死因の第１位が虚血性心疾患（主に心筋梗塞）、２位が脳卒中とあります。日本の死因報告では全ての癌を一括して数えているので WHO の報告とは異なります。そこで厚生労働省で公開されているデータをもとに、WHO の報告と同じように疾患別に整理してみたところ、実はわが国でも虚血性心疾患、脳卒中による死亡が死因の１位、２位となっていました。つまり世界的に疾患別死因の１位、２位は虚血性心疾患、脳卒中なのです。さらに50歳からの働き盛りに突然襲って家族を不幸に落とし入れる突然死の原因のほとんどが心筋梗塞、脳卒中ということを考えると、この２つの疾患を予防することが50歳からの健康管理の最重要事項と言えるのです。

(2) 狭心症と心筋梗塞

心臓に栄養を送る血管は冠動脈とよばれます。心臓の表面に冠のように覆いかぶさっているのでこの名前がついています。大動脈から右冠動脈と左冠動脈の２本が出て、心臓の右側と左側の筋肉（心筋）に血液を送り届けます。左冠動脈は前側に行く左前下行枝と後ろ側に行く左回旋枝の２つに分かれます。この右側の１本と左側の２本の血管を主要３枝冠動脈と呼びます。この３本の血管からさらに細かい枝が出て心臓全体の筋肉に栄養と酸素が血液によって送り届けられることにより心臓が活動できるのです。

●狭心症はどのように起こるのか

狭心症とは冠動脈の一部が細くなって（狭窄して）、十分な量の血液が届けられなくなることにより、心筋の血流が減って酸素不足になり胸の痛み（狭心痛）が出る病気です。通常、安静にしている時には痛みは出ませんが、階段を上ったり、急ぎ足で歩いたりした時に心筋が酸素不足になって痛みが出ます。

それでは一体血管がどれくらい狭くなると狭心症が起こるのでしょうか。

血管の狭窄度は血管の直径に対して何％狭くなっているかによって表現されます。狭窄の軽い方から25％狭窄、50％狭窄、75％狭窄、

90％狭窄さらに99％狭窄と狭窄が強くなっていきますが、実は狭心症が起こるのは90％近くまで狭くなった状態なのです。50％ぐらい狭くなっても通常、狭心症がでることはないのです。

●心筋梗塞とは

心筋梗塞というのは冠動脈のある部分が閉塞してしまって、それより先に血液が流れなくなり、心筋が壊死を起こしてしまう病気です。閉塞が続くと心筋は壊死を起こしてしまい、その部分の心筋は線維化し梗塞と呼ばれる状態となって機能しなくなってしまいます。

大動脈の近くの冠動脈で起こるほど重症であり、特に左冠動脈の入り口（左主幹部）で起こると致命率も高くなります。また事実上心停止状態である心室細動という不整脈も生じやすくなり、処置できないと死亡に至ります。

現在では冠動脈再開通療法といって詰まった冠動脈を再開通させる治療のできる施設も増えており、救急車を要請して、いち早く再開通させればほとんど心筋が障害を受けずに回復することも可能です。心筋梗塞の症状は、突然胸に激痛が生じて、気分が悪くなることが多く、このような症状がでたら、あるいはそのような状態を目撃したら、すぐに救急車を呼んでください。適切な施設に運んでもらえます。もしも救急隊が駆けつける前に心停止が起こってしまった時には、慌てずに、ただひたすら心臓マッサージを行って待ちましょう。1分間に100回のペースで、胸の真ん中の胸骨の上を、両手のひらを重ねて、肘を伸ばして押し続けましょう。AEDが使用できる環境にあれば使ってみてください。呼吸の補助はいりません。救急隊到着までただひたすら押し続ければ生存の可能性は十分にあります。筆者は救急隊本部で講演をしたり、実際に外出先で心筋梗塞の方を発見し、救急車を呼んで同乗し近くの循環器専門病院に運んで再灌流療法を施行していただいたこともありますが、現在の救急隊はとてもよく訓練されており、救急車の中には心電図モニターや酸素投与、除細動器も完備されています。現場到着時間も2021年の全国平均で8.9分と10分を切っています。

それでは心筋梗塞はどれくらい狭くなっていた血管から起こるのでしょうか。

心筋梗塞を起こす前の冠動脈の狭窄度はどのくらいだったのかが報告されましたが、実はこれが自覚症状からでは心筋梗塞は防げないということを如実に物語っていたのです。なんと25％しか狭くなっていない血管からほとんどの心筋梗塞が起こっていたのです。おそらく多くの方々が90％あるいは99％狭窄していた血管から心筋梗塞が起こると思っていたのではないでしょうか。90％近くまで狭くなって、狭心症の状態が悪化して、とうとう100％になって詰まってしまったのだろうと。だれもがそう思うでしょうし、筆者も狭窄の強い血管が心筋梗塞を起こすのだと思っていたのです。このことが分かったのは今から20年ほど前ですが、まだ多くのお医者さんもご存じない可能性があります。狭心症で労作時に胸痛がでるのは90％ぐらい狭くなってからです。25％狭窄では走っても、綱引きをしても、まったく狭心痛は出ませんし、何でもできます。

●「まさかあの人が」の理由

私は医師になった翌年から循環器内科医として勤務し、自治医科大学循環器内科で４年間、主として急性心筋梗塞の治療、心臓カテーテル法を研修させていただき、東京医大病院に戻ってからも引き続き同様の仕事をしてきました。急性心筋梗塞の方の治療を行っている時に、かけつけた家族や同僚の方々がまずおっしゃるのが、「え、まさか主人が」「え、まさか部長が」といった声でした。「あんなに元気だったのに」「今日も大声で部下に指示を出していたのに」といった声でした。「そういえば元気がなかったと」か「最近、体の調子が悪そうだった」という声は聞かれませんでした。

その理由がまさにこれだったのです。

つまりどんな活動でもできる25%狭窄の状態から冠動脈が急に100%狭窄の状態、つまり完全閉塞して、心筋梗塞を起こしてしまうのです。これが、まさかあの人が、となるわけなのです。心筋梗塞を起こすまでは、階段を駆け上がっても、綱引きをしても、何をしても胸の痛みが出なかった人が、突然激しい胸痛に襲われるのです。

狭心症の診断をするのに運動負荷試験があります。これは運動して冠動脈の血流を増やす必要があるときの心電図の変化をみるものです。冠動脈に90%近い狭窄があって、運動した時に酸素不足になると心電図のST部分というところに変化が見られることから診断されますが、25%から50%狭窄の血管では変化はでません。また種々の画像診断で心筋梗塞を起こす血管を見つけようという試みも世界中で行なわれていますが、今のところ確実なものはありません。つまり冠動脈そのものについての検査で心筋梗塞を防ぐことはできないのです。それでは一体どうしたら良いのでしょう。

(3) 心筋梗塞はどのように起こるのか

実は心筋梗塞がどうやって起こるのかが分かってきたのです。その中でも最も多いのがプラークラプチャー（粥種破裂）と呼ばれるものです。少々難しくなりますが、肝心なところですので、是非理解してください。

歯のプラークは歯垢と言われていて歯に着いた垢（あか）ですが、このプラークは血管の中にできた“あか”です。成分的には脂肪を含んだ塊で、LDL（悪玉）コレステロールが主体の“あか”と思ってください。図１に示すように25%と狭窄の程度は軽く狭心症も全く起

図1　心筋梗塞発症のメカニズム

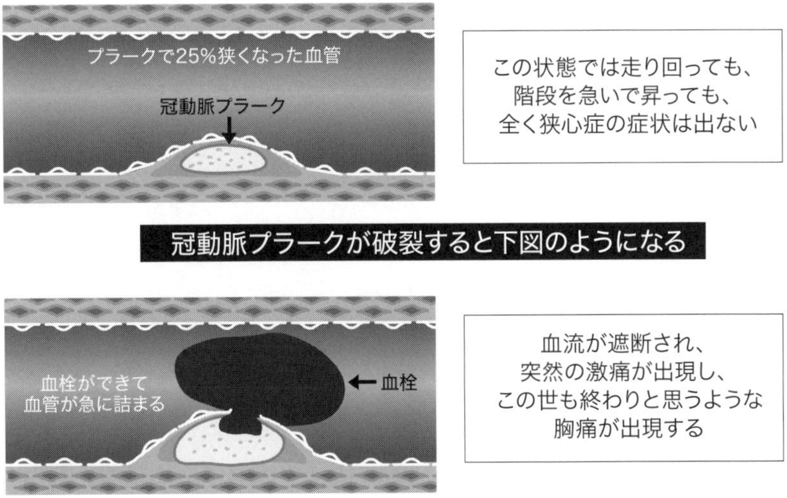
プラークで25%狭くなった血管
冠動脈プラーク
この状態では走り回っても、
階段を急いで昇っても、
全く狭心症の症状は出ない
冠動脈プラークが破裂すると下図のようになる
血栓ができて
血管が急に詰まる
血栓
血流が遮断され、
突然の激痛が出現し、
この世も終わりと思うような
胸痛が出現する

こさないような血管のプラークが破裂すると内膜に傷がつき、それを修復するために血小板が集まり、血栓ができて、血管が閉塞してしまい、そこから先に血液が流れなくなるために、心筋に血液が届かなくなり、酸素不足になって胸痛が生じ、その状態が続いてしまうと、心筋が壊死に陥り、心筋梗塞が完成してしまうのです。

(4) 心筋梗塞を防ぐには

それではいったい、心筋梗塞はどうやって防ぐのでしょう。前述したように循環器内科で行う検査で、これから心筋梗塞が起こりますよと当てられる検査は1つもありません。しかしながら心筋梗塞を起こしやすい人の特徴は分かっています。心筋梗塞の4大危険因子は高血圧、脂質異常症、糖尿病、喫煙です。

心筋梗塞の発症の主因はプラークラプチャー（粥種破裂）によると述べました。動脈は内側から、内膜、中膜、外膜の三層構造でできて

図2　3つの危険因子の診断基準

高血圧	**（診察室血圧：医療機関での測定）**	**140/90 以上**
	（家庭血圧：家庭での測定）	135/85 以上

脂質異常症（空腹時採血）		
	中性脂肪	150mg/dl 以上
	LDL（悪玉コレステロール）	**140mg/dl 以上**
	HDL（善玉コレステロール）	40mg/dl 以下

糖尿病		
	ヘモグロビン A1c（NGSP）	**6.5％以上**
	空腹時血糖値	126mg/dl 以上

います。血液と接しているのが内膜で、その表面は内皮細胞に覆われていますが、前記の危険因子があると内皮細胞の働きが低下して、すき間にLDL（悪玉）コレステロールが入り込んでプラークができてしまいます。高血圧による血管の圧迫、タバコによる血管収縮はプラークの生成にも破裂にもつながります。つまりこれらの危険因子が重なると極めて心筋梗塞を起こしやすい状態になるのです。

「血管年齢」という言葉は20数年前に私がはじめて世に出したものですが、この3つの疾患の方々の血管年齢が平均で20歳近く高くなっていることを報告しました。これらの疾患があると血管が危険な状態にあるということを意味しています。危険因子は1つでもあると、全くない人と比べると3倍も心筋梗塞を起こしやすくなります。重なれば可能性はどんどん高くなります。まずはこの4つの危険因子を取り除くことが大切です。高血圧、脂質異常症、糖尿病の診断基準を図2に示します。これらの値が基準値以下になるように努めましょう。

特に大事なのは収縮期血圧を140mmH以下、LDL（悪玉）コレステロールを140mg/dl以下、ヘモグロビンA1cを6.5％以下にしておくことです。140、140、6.5の数値を「いいよ、いいよ、6.5」と唱えて、これ以下の値を保ってください。この３つの値が正常で、タバコを吸わなければ心筋梗塞を起こす可能性は極めて低くなります。基準値を上回っているからといってすぐに治療が必要というわけではありませんが、３か月から半年の生活改善を行っても20％以上の高値が続くときは治療を開始した方がよいでしょう。

それぞれの病気の治療をきちんと行えば心筋梗塞のリスクは低下します。この４大危険因子は、脳卒中も全く同じです。つまり心筋梗塞を防ごうとすれば脳卒中も防ぐことができて、世界の死因１位、２位を防げるのです。

どんなに良い食生活と理想的な運動習慣を持っていても血管の中の状態で血糖値が高く、コレステロール値が高く、そして収縮期血圧が高い状態であれば心筋梗塞は極めて発症しやすくなるのです。

そもそも全く同じ食事をしても、消化管での吸収が良い、悪い、普通とあり、細胞での取り込みが多い、悪い、普通とあり、そしてそれが使われる場所での消費が高い、低い、普通とあり、最終結果が血管内のコレステロール値や血糖値となるのです。組み合わせは27通りにもなります。従って全く同じ食事をしていてもコレステロールの値が高い人も低い人もでてきます。家族性高コレステロール症といって生まれつきLDL（悪玉）コレステロールを細胞が処理する力が欠けている人では、普通の人の半分の食事の量を摂取しても、血中コレステロール値は２倍から３倍にもなってしまいます。このような方は適切な治療を行わない限りLDL（悪玉）コレステロールを下げることはできません。痩せているのにコレステロール値がきわめて高い人、若年発症の心筋梗塞や脳卒中の家族歴のある方では可能性が高くなります。

結局、心筋梗塞、脳卒中を防ぐには血中のLDL（悪玉）コレステロール値、ヘモグロビンＡ１ｃ値、そして収縮期血圧をチェックしな

図3　高沢式血管若返り体操

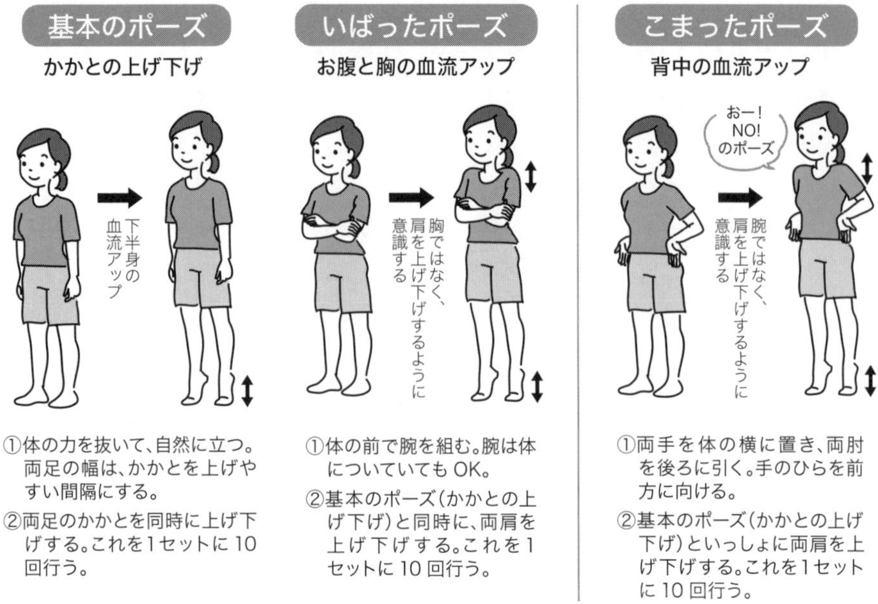
基本のポーズ
かかとの上げ下げ
下半身の血流アップ
いばったポーズ
お腹と胸の血流アップ
胸ではなく、肩を上げ下げするように意識する
こまったポーズ
背中の血流アップ
おー！NO!のポーズ
腕ではなく、肩を上げ下げするように意識する
①体の力を抜いて、自然に立つ。両足の幅は、かかとを上げやすい間隔にする。
②両足のかかとを同時に上げ下げする。これを1セットに10回行う。
①体の前で腕を組む。腕は体についていてもOK。
②基本のポーズ（かかとの上げ下げ）と同時に、両肩を上げ下げする。これを1セットに10回行う。
①両手を体の横に置き、両肘を後ろに引く。手のひらを前方に向ける。
②基本のポーズ（かかとの上げ下げ）といっしょに両肩を上げ下げする。これを1セットに10回行う。

鶴ヶ島市ホームページ https://www.city.tsurugashima.lg.jp/　動画公開中

ければならないということです。生活習慣が良くてこれ等の健診データも良い人は問題ありませんが、生活習慣がいくら良くても血管内の環境が悪い、つまりこの3つの値の高値が続けば心筋梗塞、脳卒中は起こってしまうのです。

最後に、具体的な生活習慣や運動についてお伝えしておきます。

基本的な生活習慣としては、血管内の水分が低下すると血栓ができやすくなりますから、脱水にならないように水分補給はしっかりと行うこと、日本の食品は塩分含量の多いものが多く、血圧が上がりやすいので、日頃から塩8分目をこころがけて塩分摂取を控えること。急激な温度の低下は血管を収縮させて血圧上昇を招くので、入浴前後、および外出時の温度変化を少なくする工夫をすること。日頃からおっくうがらずに体をよく動かすことが大事です。

図3に血管若返り体操を紹介します。基本的にはかかとの上げ下げでふくらはぎの筋肉を動かすことにより人体の末梢の下半身の血液が中枢に戻る効果が得られます。肩の上げ下げを利用して、かかとと肩を一緒に動かすと下半身と上半身の血流を同時に改善できます。これにより血液循環が良くなり血栓の防止にもなりますし心臓への負担も少なくなります。鶴ヶ島市の公式ホームページで動画もご覧になれます。

●脳卒中の原因も全く同じ

心筋梗塞の原因となる4大危険因子について述べましたが、脳卒中の4大危険因子も全く同じです。つまり今まで述べた心筋梗塞を防ぐ方法を実践すれは、脳卒中も防げて、世界（実は日本でも）の死因の1位、2位の疾患を防げるのです。

〔第2章　第1節〕高沢謙二：東京医科大学名誉教授、医学博士

第2節

健康長寿な食生活

50歳代はまだまだ若い世代といえる時代になっています。人生100年、生涯現役時代の現在は、70〜80歳の世代に持病が１つ２つあったとしても元気で長生きが出来るようになってきました。そこで重要なことは、この持病が悪化して死に至るような病気にならないようにすることです。それには、食事・運動・生活習慣を変えていくことが重要です。なかでも食事は１日に３回摂るものであり、健康に与える影響が大きくなります。

食事を見直すことで死因の上位を占める心筋梗塞や狭心症などの心臓の病気、脳卒中と呼ばれる脳血管障害が起きないように予防することができます。特に血糖値やLDL（悪玉）コレステロール、血圧などが上がりすぎないようにすること、体重が増えすぎないことがチェックポイントになります。

すでに糖尿病や脂質異常症、高血圧などの病気にかかっていたとしても、悲観することはありません。これ以上悪くしない、これ以上病気を増やさないことが重要です。日々の食生活では「これを食べてはいけない」「これだけを食べれば良い」というものはありません。ここでは「賢く美味しいものを食べるコツ」をご紹介します。

(1) 血糖値、ヘモグロビンA1c（エーワンシー）を上昇させない

血糖値とヘモグロビンＡ１ｃは健康診断の基本検査項目のひとつで、糖尿病のリスクを判別します。正常値を超えていたり、高すぎて糖尿病になっていると食事で血糖値が上がりすぎないようにする必要があります（ヘモグロビンＡ１ｃは過去１～２か月の血糖値の状態がわかる値）。特に「ちょっと高め」といわれた時から食事の調節をすると効果はてきめんです。逆に放置していると厳しい食事制限が待っています。いますぐに食事の見直しを始めることです。

血糖値を急上昇させるのが糖質です。糖質の多すぎる食事を続けていると、すい臓に負担がかかります。すると、すい臓から分泌される血糖値を下げるホルモン（インスリン）の作用が悪くなって血糖値が下がらない状態が続きます。血糖値は食事をすると必ず上がりますが、健康であればインスリンの作用で下がってちょうど良い状態を保ちます。しかし糖質が多すぎると、あるいはすい臓が弱ってくると血糖値が上がったままで下がらず、正常に戻りにくくなります。ところが、摂取エネルギー量が適正に保たれ体重をコントロールすると、血糖値が改善します。

残念ながら「これを食べればすい臓が元気になる」といった食品はありませんが、血糖値のコントロールは糖質の量の見直しをすることで効果が出やすくなります。糖質が多いのは、ご飯や麺、パンなどの主食のほか、菓子類、甘い味の飲料、酒類に多く含まれています。糖質を減らすなら、例えばご飯ならお茶碗2/3杯（約100グラム）、パンなら６枚切りを１枚が目安となります。

菓子類と酒類は毎日の習慣にしている人が多いものです。しかし重要なのは「お菓子を食べたから」「お酒を飲んだから」といってご飯を抜いて調整する、ということは出来ないということです。なぜな

ら、ご飯やパンなどには糖質だけではなくて、その他の栄養素も含まれているのに対して、菓子や酒は砂糖や糖類、脂肪が中心で他の栄養素がほとんど含まれていないからです。しかし全面的に禁止にすると味気ない生活になります。市販の低カロリーデザートやカロリーオフの酒を利用するのも良い選択になります。

そして改善の大きな決め手になるのが食物繊維です。食物繊維は血糖値の急上昇を抑えて穏やかにする効果があります。しかも食事の満腹感を長持ちさせて余計な食欲を消す効果があります。

食物繊維は野菜、海藻、きのこ類に豊富に含まれています。これらの食品達は低カロリー、低糖質、低脂肪である特徴もあります。食事は野菜料理からスタートすると野菜の量をシッカリ食べつつ、食事全体の食べ過ぎやカロリーオーバーを防ぐことが出来ます。しかも、食事の食べ始めから噛む回数を増やす効果があり、早いうちに満足感が出やすくなるため、食事の量が自然に減ってダイエット効果が期待できます。これらを総合すると野菜料理を最初に食べることで血糖値の上昇を抑える効果があります。野菜、海藻、きのこ類は血糖値が気になる人、糖尿病が心配な人には積極的に食べてほしい食品です。野菜の次はおかず、最後にご飯という順序が良い食べ方になります。

ここで大事なことは、ご飯が全くの悪者というわけではないことです。玄米や雑穀米に含まれる食物繊維は血糖値が上がるのを抑える効果が特に高くなっています。そこで、ご飯（精白米）を食べるなら玄米や雑穀米に変えるのがおすすめです。しかし全てを一度に変えると「おいしくない」と感じてしまう人もいます。そういった時は玄米や雑穀をブレンドしたものに変えるだけでも効果があります。食パンよりは全粒粉パンやライ麦パン、フランスパンも健康的です。

そのほか、血糖値を正常にするには１日３食のリズムが重要になります。特に朝食を抜くことで糖尿病になるリスクが約２倍になるといわれています。さらに、遅い時間の夕食や就寝前の間食、その他の不

１日のお酒の目安量

		目安量	アルコール含有量 (g)	エネルギー (kcal)
ビール		中ジョッキ 1杯 500ml	20	195
清酒		1合 180ml	22	193
焼酎 (35度)		1/2合 90ml	25	183
ウイスキー ブランデー		グラス シングル2杯 60ml	20	140
ワイン		グラス2杯 200cc	24	150～142

規則な食事摂取時間は血糖値の調整が乱れるので注意が必要です。

＊適度な飲酒は、１日平均純アルコールで20グラム程度。

＊糖尿病で治療中の場合、食事量や間食・飲酒の量は主治医に確認してください。

(2) 血圧を上げすぎない食事

血圧を上げてしまう栄養素がナトリウムです。ナトリウムは食塩のメイン成分で、精製塩では100％、天然塩では約95％がナトリウムです。したがってナトリウムを減らす、つまり食塩を減らすことで血圧を上げすぎないようにすることが出来ます。血圧に関して、食事では減塩が最も効果的です。ナトリウムは塩だけでなく、しょうゆや味噌にも多く含まれています。塩、しょうゆ、味噌は日本人にとって大事な調味料ですが「薄味」にすることで大きく減塩が出来ます。

とはいえ、これまでの味付けから一気に薄味にすると文字通り味気ないものになります。そこで塩分に換わる味付けをすることで「美味しさはそのままで減塩」が出来ます。それには２つ方法があります。ひとつは「だしを効かせること」、もうひとつは「香辛料を使うこと」です。

まず、味噌汁などのスープ類はだしをとる、しかも濃いめにとることで味噌や塩などの調味料を減らすことができます。昆布や骨付き肉、殻付きあさりなどでだしを作るのが理想的ですが、顆粒だしでも構いません。インスタントでも、だしを使うと味噌や塩、しょうゆなどの量が少なくても美味しく感じます。そして香辛料はわさびやからし、ゆず、しそ、コショウ、カレー粉、唐辛子、マスタードなどを使うことです。香辛料類には塩分が含まれていません。そこでいつもの塩・しょうゆ・味噌で味をつけるのではなく、これらの香辛料を混ぜたり置き換えることでぐっと減塩ができます。

減塩タイプの醤油や味噌を使うのもひとつの方法です。ただし、自分で味をつけて好きな量を入れると使いすぎてしまうことがあります。塩分量を減らすためには、減塩調味料といえども量をはかって使うようにしましょう。

血圧を上げすぎてしまう食事にプラスしたいのがカリウムの多い食事です。カリウムは余分なナトリウムを排泄してくれる力強い味方です。カリウムは生野菜や生の果物に豊富に含まれています。カリウムはゆでるとゆで汁に逃げてしまう性質があります。そこで生のままで食べるか、もしくは味噌汁やスープのようにゆで汁ごと食べるものか、あるいはゆでずに炒めて食べるようにするのがおすすめです。

また塩分の多いものを食べてしまうと、せっかくの減塩の努力を台無しにしてしまいます。漬物や佃煮などはコンパクトに塩分が多い食品です。つい美味しくて食べてしまいますが、こればかりはスッパリやめてしまいましょう。

(3) LDL（悪玉）コレステロールを上げすぎないようにする

LDL（悪玉）コレステロール値は食べ物から入ってくるLDL（悪玉）コレステロールと不飽和脂肪酸の量に影響されます。そこで、LDL（悪玉）コレステロールが多い食品を知ることが大事です。代表的なものが卵や魚卵類（たらこやいくらなど）、肉の脂身、ひき肉、レバーなどの内臓類、イカやタコ、生クリームやバター、チーズなどです。しかしこれらを一切食べないというわけにはいきません。そこで脂身の多いバラ肉やひき肉は赤身の多いロースやもも、フィレに変える、バターはマーガリンに変える、洋菓子を果物に変える、という工夫を取り入れてみましょう。

しかし、LDL（悪玉）コレステロールと不飽和脂肪酸の多い食品には美味しさはもちろん、同時に様々な栄養成分が含まれています。どんな食品でも栄養のバランスという観点から禁止する必要はありません。あくまで量を守ることが大事です。例えば卵なら週に6個程度が目安になります。すでに薬を使っている人なら2～3個です。そして、オムレツなど卵料理では1度に2個ぐらい使うものもあります。そこで、1回の量は多めでも、食べる回数を減らすことが重要です。「食べる日」と「食べない日」をもうけて「食べない日」を多くつくることで「1週間～1か月で平均するとちょうど良い」というようにするのです。LDL（悪玉）コレステロールと不飽和脂肪酸の多い食品には食事の楽しみがセットになっています。全面禁止でなく、誕生日や季節の行事などで楽しむようにしましょう。

食物繊維にはLDL（悪玉）コレステロールを外に出す働きがあります。野菜や海藻類、大豆製品、こんにゃくなどを積極的に食べましょう。食物繊維の豊富な食品はLDL（悪玉）コレステロールと不飽和脂肪酸がほぼありません。これらの食品を多めに食べることで食事全体のLDL（悪玉）コレステロールと不飽和脂肪酸量を減らすことが出来ます。ただし、これらの食品を多く食べる料理は和食が中心になりがちです。和食はコレステロールが低いメリットがありますが、塩分が多めになるデメリットもあります。味付けは薄めにすることを忘れないようにしましょう。

さらにおすすめなのが、青魚とよばれる魚類です。あじやいわし、さんま、さば、ぶりなどです。これらの魚には、コレステロールが高すぎて起こる動脈硬化を抑える成分が豊富です。魚や貝類を食べる回数を増やすことは、健康寿命を延ばすメリットがあります。積極的に魚類を食べましょう。

(4) カロリーコントロールをする

食事の総カロリーを減らすには、2つ方法があります。ひとつは糖質を減らすこと、もうひとつは脂肪を減らすことです。糖質を減らす方法はご飯や菓子、酒の量を調節すると簡単です。脂肪を減らすなら、揚げ物の回数や量を減らしたり、マヨネーズやドレッシングをカロリーハーフやノンオイルタイプに変える、脂身の多い肉から赤身の多いものに変えることです。鶏肉は皮をはがすと簡単に脂肪量をカットすることができます。

ところが、食事内容を考えるとき、糖質と脂質が天秤状態になってしまうことがあります。つまり、糖質を減らせば脂質が多い食事、脂質を減らすと糖質の多い食事に陥ってしまうのです。例えば、低糖質食なら、糖質を減らした代わりに肉や魚が増えて、肉類の脂肪や料理に使う油の量が増えます。逆に低脂質食なら脂肪を減らすと食事内容が物足りなくなって糖質の多いご飯や和菓子の量が増えるのです。カロリーハーフやノンオイルタイプの調味料は案外糖質が多めなので過信は禁物です。これらの調味料も量を守ることが重要です。

こうなると食事の総摂取カロリーは、低糖質食、低脂質食ともに、工夫をする前の食事と変化がなかったということが起きてしまいます。そこで総摂取カロリーを減らすのに必要なことは「減らした代わりに何を食べるのか」が重要なポイントになります。そして減らした代わりに食べるのが「野菜」です。野菜の中に海藻・きのこ類を含めても構いません。これらの食品に共通することは、低カロリー、低糖質、低脂質、高食物繊維です。量を気にせず食べてもカロリーを押し上げる心配がありません（いも類、かぼちゃ、とうもろこしを除く）。

１日の野菜の摂取量の目標は350グラムです。簡単な目安は緑黄色野菜で両手１杯（約120グラム）、そのほかの野菜（淡色野菜：そのほかの野菜　約230グラム）は両手２杯ぐらいの量です。加熱した場合なら、その半分が目安になります。緑黄色野菜は「可食部（食べられる部分）100グラム中に含まれるカロテンが600マイクログラム以上のものを有色野菜とし、カロテンが600マイクログラム以下でも１回の摂取量や食べる頻度が多いもの（トマト、ピーマンなど）を緑黄色野菜」とされています。

しかし、細かい緑黄色野菜のリストを覚えるのは大変です。そこで緑黄色野菜とそのほかの野菜の簡単な区別方法があります。カロテンは野菜の濃い色の色素になっています。野菜を切った断面の色が濃いものが緑黄色野菜です。例えば切った断面が濃い赤のトマト、オレンジ色の人参などです。ほかに、ブロッコリーやほうれん草のような緑色の野菜も緑黄色野菜です。一方、断面が白のたまねぎやきゅうりはそのほかの野菜になります。しかし、そのほかの野菜に意味がないわけではありません。例えばナスのように濃い紫色はカロテンとは違う色の色素（ポリフェノール類）が豊富であり、白は白色を演出する色素が豊富です。ほかにもごぼうのように食物繊維が多い野菜があります。

カロリーを調節する目的は、体重を適切にする、内臓脂肪を増やさないといったことで、健康で長生きするために重要です。将来のための健康投資として野菜をたっぷり食べましょう。

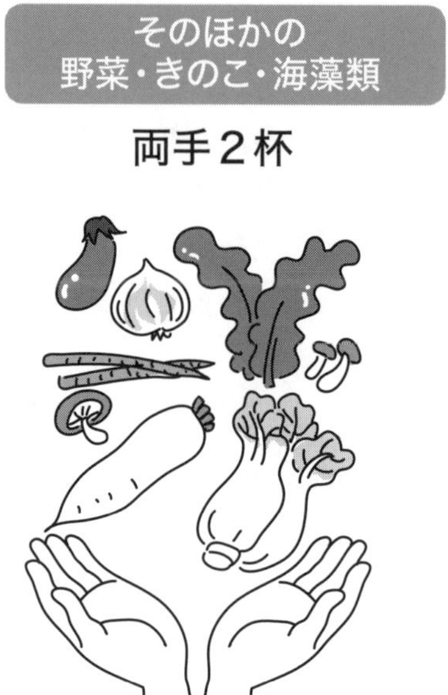

(5) 野菜を多く食べる

野菜はサラダなど生野菜として食べると、食べたボリュームはシッカリしているのにグラムで換算すると案外量を食べていなかった、ということがあります。実は野菜の約97%以上は水分です。そこでおすすめなのが炒めたり、煮たりして加熱することです。火を通すことで水分が飛ばされてカサが半分程度になります。すると、たくさん食べたつもりではなくても、野菜の分量はたっぷり食べていた、ということが実現できるのです。野菜炒めはもちろん、スープや鍋物の具として使うとたくさん食べやすくなります。

もちろん生野菜ならではの良さもあります。ビタミンＣなど熱に弱い栄養素がシッカリとれるうえに料理そのものが手軽です。

野菜を食べるときは、いろいろな種類を組み合わせて食べるのが理想的です。そこで、はりきって手間がかかる料理を作ろうとすると面倒になって結局野菜料理を食べない、ということが起きてしまいます。生野菜サラダや鍋物、炒め物（ソテー）、おひたしなどがおすすめです。野菜が少しずつ余った時は、加熱が可能な保存袋に入れて電子レンジで加熱して冷凍保存し、次の料理に加えると手間が省けます。もちろん、冷凍野菜やカット野菜も利用して構いません。買い物や料理を作る時間や手間をかけられないときのお助け品です。

日本人は、野菜の量が小鉢１皿（70～80グラム）不足しているというデータがあります（「国民栄養・健康調査2019年」）。まずは「野菜が足りないから食べよう」という積極的な姿勢が大事なのです。

〔第２章　第２節〕菊池真由子：管理栄養士、健康運動指導士

第3節

50歳から始める実践健康法

世界で長寿化が急激に進むなか、先進国では2007年生まれの２人に１人が100歳を超えて生きる「人生100年時代」が到来すると予測されており、これまでとは異なる新しい人生設計の必要性が説かれています。

今や私たちは誰もが100歳まで生きられる可能性があります。長生きできることは決して悪いことではないと思いたいのですが、一方で「そんなに長生きをしたくない」「寝たきりになって家族に迷惑をかけたくない」といったネガティブな意見もあります。おそらく自分自身が100歳まで生きることをイメージできなかったり、どのような準備や心構えが必要なのか具体的な方策を持ち合わせていなかったりするため、ネガティブな心理状態になるのかも知れません。確かに「備えあれば憂い無し」ですから、「人生100年時代」を迎えるに当たり、様々な準備は必要です。

この章では、健康・運動科学の観点から「人生100年時代」を楽しむために必要な「元気で一生涯歩ける・動ける体」を得るために、中間点となる50歳からどのように準備したら良いのか紹介します。ぜひ、皆さんに実践していただきたいと思います。

(1)「人生100年時代」を楽しむためには筋肉が重要

①筋肉（骨格筋）を構成している筋線維

私たちの体を構成し、運動して鍛えることができる筋肉（骨格筋）の組成には２種類の筋線維があり、それぞれ速筋、遅筋と呼ばれています。

速筋は、収縮スピードが速く、瞬発的に大きな力を発揮するという特徴があり、無酸素運動をするときに主として働きます。また速筋には「使われると太くなり、使われないと細くなる」という性質があり、これが筋力トレーニング（筋トレ）をして筋肉が太くなる理由です。瞬発力に優れた短距離ランナーや投擲選手などは、骨格筋に速筋の割合が多いといわれています。

遅筋は、速筋に比べて収縮スピードが遅く、瞬時に大きな力を発揮することはできませんが、繰り返し収縮しても疲れにくく、長時間にわたって同じ程度の力を発揮し続ける持久力に優れ、有酸素運動をするときに主として働きます。筋トレをしても遅筋はほとんど太くなりませんが、有酸素運動をすることで筋線維周囲の毛細血管数が増え、エネルギー生産効率を高めることができます。また速筋に比べて歳をとっても衰えにくいという特徴があり、マラソンランナーなどの長距離選手では、骨格筋に遅筋の割合が多いといわれています。

②筋肉は何歳になっても鍛えれば応えてくれる

人の筋肉量は、30歳代前半をピークとして毎年１％ずつ減少するといわれています。つまり筋肉量は40歳代で10〜20％、50歳代で30％、60歳代で40％と減少し、実に70歳代では30歳代前半の半分しか筋肉がないことになります。戦後から約80年が経過し30歳以上寿命が延びましたが、その代償として筋肉量の減少が目立つようになったともいえます。私たちは、歳をとって筋肉量が減っても「歳だから仕方がない」と安易に片付けがちですが、実は筋肉量の減少をきっかけとして体には様々な問題が生じてきます。でも今さら筋肉量を増やすことなどできないと諦めてはいませんか？　そんなことはありません。筋肉は唯一のアンチエイジングの器官であり、何歳になっても鍛えれば増やすことができるのです。

それを象徴するエピソードを紹介しましょう。以前、100歳の双子の姉妹として国民的人気となった「きんさん・ぎんさん」を覚えているでしょうか？　妹の蟹江ぎんさんは100歳を過ぎても足腰が丈夫だったのに比べ、姉の成田きんさんは足の衰えが目立つようになり、認知症のような症状も出てきたので、専門家の指導を受けながら筋トレを始め毎日続けたそうです。すると、日に日にきんさんの脚力は回復し、ついに杖無しで歩けるようになったばかりか、全身の血流量も増えたことで認知症のような症状も改善できたといいます。100歳を過ぎても頑張って鍛えれば、筋肉はきちんと応えてくれることを、成田きんさんが身をもって証明してくれた事例かと思います。

③ウォーキングだけでは筋肉量を維持できない

健康づくりに有効な有酸素運動の代表格であるウォーキングですが、その時に使われている筋肉は遅筋であり、速筋はほとんど使われていません。30歳代前半をピークに毎年１％ずつ筋肉量が減っていくことを前述しましたが、その大部分が速筋になります。つまり、有酸素運動だけでは速筋が使われず、筋肉量の維持どころか減少を食い止めることもできないのです。速筋が衰えれば筋肉は目に見えて細くなり、何らかの理由でバランスを崩すと支えが効かずに転倒する原因にもなり得ます。すなわち健康長寿を実現するためには、速筋を鍛える筋トレと、遅筋を鍛えるウォーキング等の有酸素運動の両方を並行して行うことが重要となります。

(2) 50歳から始める「筋活」のすすめ

①「筋活」とは？

皆さんは、以前に比べて「歩くだけで疲れる」「歩くスピードが遅くなった」と感じていませんか？　もし思い当たる節があれば、それは「筋肉が衰えている」証拠です。

加齢に伴う筋肉量の低下をサルコペニアといいます。また筋肉量の低下は、上半身よりも下半身を中心に進みます。下半身の筋肉量が落ちてくれば、つまずいたり、疲れやすくなったりして体が思うように動かなくなり、しまいには運動はおろか歩くことすらおっくうになり、筋肉量がさらに落ちて将来的に自立した生活が送れなくなる可能性も出てきます。これが「立つ、歩く、走る」といった移動機能が低下した状態であるロコモティブシンドローム（運動器症候群、通称ロコモ）です。そしてロコモが進行すれば、要支援・要介護の状態、ひいては寝たきりに繋がってしまうのです。

従って、老若男女問わず必要な対策を理解しておくことが重要です。そこで必要な対策が、筋肉を積極的に動かす筋活です。筋活を継続すれば、ロコモ予防となるばかりか、より活動的になって快適な日々を過ごすことに繋がります。特に筋活では衰えやすい下半身の筋肉を強化していくことが重要です。

②筋肉量の低下が招く厄介な問題

サルコペニアは、40歳以上の約４分の１、80歳を超えると約半数に見られるといわれています。筋肉量が減少して一定基準を下回り、かつBMI（体格指数）が25以上の肥満になるとサルコペニア肥満と呼ばれる状態になります。筋肉量は何もしなければ加齢に伴い減少するので、何の対策も講じなければ、自分では気づかないうちに「筋肉は痩せ細り脂肪だらけ」という状況に陥ってしまいます。

筋肉量が減れば、生命を維持するために必要な最小のエネルギー量である基礎代謝量が低下し太りやすくなります。それに運動不足等が加われば、様々な生活習慣病を引き起こす肥満になってしまいます。私たちは太り過ぎないようにするため、よく食事を制限して体重を減らそうとしますが、食事のみを制限する減量は脂肪だけでなく筋肉までも落としてしまうため、結果として厄介な問題を招いてしまうのです。

（ｉ）糖尿病

糖尿病は、インスリンというホルモンの不足や作用低下が原因で、血糖（血液中のブドウ糖）の上昇を抑える働きが低下して高血糖状態が慢性的に続く病気で、網膜症・腎症・神経障害の三大合併症を伴うことも多く、罹るとたいへんな生活習慣病の１つです。また体型に関係なく、筋肉量が少ないと発症リスクが高まるといわれています。その理由は、私たちの体でブドウ糖を取り込む最も大きな場所が筋肉であり、筋肉量が少なければ食後に十分な量のブドウ糖を筋肉に取り込めないため、高血糖状態が続き糖尿病に繋がるという仕組みです。このように、筋肉と糖尿病には大きな関係があるのです。

（ⅱ）筋肉の質の劣化：脂肪筋化

脂肪は、皮膚の下に付く皮下脂肪、腹部などの内臓周辺に付く内臓脂肪の２つがよく知られていますが、最近の研究で第３の脂肪ともいえる異所性脂肪の存在が分かってきました。異所性脂肪とは、本来なら脂肪が溜まるはずのない筋肉、肝臓、心臓、血管などの細胞中に溜まるというものです。例えば、肝臓に溜まれば脂肪肝、筋肉に溜まれば脂肪筋と呼ばれ、いずれも代謝異常を引き起こす可能性があります。脂肪筋は、脂肪が筋肉の間に細かく網の目のように入っている霜降り肉のような状態をいいます。この脂肪筋化が進めば、インスリンの働きを低下させ、糖尿病になるリスクを高めるといわれています。

（iii）腰や膝の痛み

立ったり、座ったり、歩いたり、走ったりといった動作をするとき、膝の関節には大きな負担がかかります。その関節の動きに関与している筋肉が大腿四頭筋で、膝関節の伸展・屈曲が滑らかにできるように機能しています。大腿四頭筋は大腿直筋・外側広筋・内側広筋・中間広筋の４つの筋肉から構成されていて、特に内側広筋が衰えると膝関節の軟骨が内側ばかりに重みがかかって磨り減り、さらに軟骨の摩耗が進むと関節内で骨同士がぶつかるようになって膝痛が起こるようになります。

また腰を支えている筋肉は、大腰筋・腹部および背部にある筋肉群等であり、これらが減少すると体の支柱である背骨を支える力が低下してしまいます。そうなれば、背中が曲がり前屈みの姿勢になるため、見た目が老けて見えるばかりか腰椎に大きな負担がかかり腰痛の原因にもなります。

(3) 筋活に欠かせない筋トレと有酸素運動

①筋活は速筋と遅筋の両方を鍛えることが重要

体の動きには、１回の収縮で最大の力を発揮することのできる筋力と、運動を持続するために繰り返し筋肉が収縮することができる筋持久力とが必要です。筋力は１回に出せる力は大きいですが疲労しやすい速筋に関係し、筋持久力は１回に出せる力は小さいですが長く収縮し続けることができる遅筋に関係しています。加齢によって速筋の劣化が進むと筋肉のバランスが崩れ、姿勢の悪さや歩行能力の低下に繋がるといわれています。速筋と遅筋のバランスを保つためには、それぞれの筋肉を鍛える必要があります。

「筋力＝速筋」を鍛えるには筋トレが適しています。筋トレによって筋線維が傷つき、修復・再生する過程で元の筋肉より太くなるので、繰り返し行うことで徐々に筋肉が大きくなり、力を発揮できるようになります。「筋持久力＝遅筋」を鍛えるには有酸素運動が適しています。酸素を取り込んで筋肉を働かせる有酸素運動によって、遅筋の周囲にある毛細血管の数を増やし酸素が供給できる力を高めることで持久力が高まるのです。このように筋活では、速筋と遅筋の両方を鍛えることが重要になってきます。

②鍛えておきたい筋肉

筋肉は大きな筋肉から順番に衰えます。ほとんどの大きな筋肉は、立ったり、座ったり、歩いたりといった日常動作を行う上で重要な役割を担っています。効率的に筋肉を鍛えるためには、大きな・減りやすい筋肉を優先し、できるだけ減少させないようにする必要があります。ここでは、是非とも鍛えておきたい４つの筋肉を挙げたいと思います。

（ⅰ）腸腰筋

腸腰筋とは、股関節周りにある小腰筋・大腰筋・腸骨筋という３つの筋肉の総称で、背骨・腰骨（胸椎・腰椎）の前側から骨盤の内側、太ももの付け根の内側に付着するように通っている上半身と下半身を繋ぐ重要な筋肉であり、体の表面からは触れにくいインナーマッスルです。腸腰筋は、上体を真っ直ぐに保つ、足を上げる、足を前に踏み出して歩くなど、私たちが直立二足歩行をする上で重要な筋肉ですので、衰えると、歩けなくなったり、寝たきりになったりするリスクが高まるといわれています。

（ⅱ）太ももの筋肉（大腿四頭筋・ハムストリングス）

大腿四頭筋は太ももの表側、ハムストリングスは太ももの裏側にあり、体のなかでも大きくて分厚く、どちらも加齢とともに減少しやすい筋肉です。歩行、階段の昇降、立ったり座ったりといった日常動作をスムーズに行うためには、太ももの表と裏の筋肉がしっかり上半身の重みを受け止める必要があります。

（iii）お尻の筋肉（大臀筋・中臀筋・小臀筋）

お尻の筋肉は、骨盤を支える重要なもので、座っている時間が長いと衰えるのも早いといわれています。オーストラリアの研究機関による「世界20ヵ国における平日の総座位時間」の調査によれば、最も長かったのが１日７時間の日本で、20ヵ国の平均に比べ２時間も長いという結果でした。つまり日本人の日常生活は、お尻の筋肉が衰えるのを助長している可能性があるわけです。お尻の筋肉量が減ると、骨盤の歪みに繋がるばかりか、腰痛の原因にもなるので、座りすぎには注意が必要です。

（iv）ふくらはぎ（下腿三頭筋）

ふくらはぎは「第２の心臓」とも呼ばれ、末梢に流れた血液や疲労物質を心臓に戻すポンプの働きがあります。当然、ふくらはぎが衰えれば、血流が滞り、全身の細胞に必要な栄養や酸素が届きにくく、不要な老廃物が回収されにくくなるため全身の代謝が落ち、それが積み重なると肥満や糖尿病などのリスクが高まります。また、ふくらはぎは歩行時の蹴り出す力を生み出し、歩行速度の維持に重要な役割も担っているので、衰えれば歩行速度が遅くなったり、すり足のように不安定な歩行になったりします。

③有酸素運動の効果

有酸素運動とは、運動中に筋肉を収縮させるエネルギーであるATP（アデノシン三リン酸）を体内の糖や脂肪が酸素とともに作り出しながら長時間継続して行える運動（ウォーキング、ジョギング、水泳など）のことです。脈拍が110～120拍／分程度、言い換えると自分の能力の50％程度の強度を目安に行う運動になります。

（ｉ）体脂肪を燃焼できる（生活習慣病の予防・改善）

有酸素運動は、体脂肪（皮下脂肪・内臓脂肪・異所性脂肪）を大量

の酸素を使って分解し、筋肉が収縮するためのエネルギーを得ています。体内の脂肪を燃焼することで、脂質異常と関連する血中LDL（悪玉）コレステロールや中性脂肪が減少し、高血糖、高血圧、動脈硬化の予防・改善に繋がります。このように有酸素運動には生活習慣病を予防・改善する効果があります。

（ⅱ）全身持久力の向上

有酸素運動では、呼吸循環系機能の向上が期待できます。長時間運動を続けるには大量の酸素が必要となり、そのためには心臓と肺の働きが重要になります。有酸素運動を習慣化することで、次第に体力やスタミナがついて疲れにくい体になり、心肺機能が向上して全身持久力を高めることに繋がります。また全身持久力は体力要素のなかで最も健康と関連が深く、全身持久力の指標である最大酸素摂取量が低いと高血圧症、糖尿病、肥満等になりやすいといわれています。

（ⅲ）血流が促進される

有酸素運動は、習慣化することで、取り込んだ酸素を効率よく全身に運ぶため血流が促進され、冷え性や肩こりなど体の不調を改善に導くほか、酸素と一緒に栄養を運んでくれる働きもあり、肌質や髪質の改善といった効果も期待できるといわれています。

(4) 筋トレ＆有酸素運動・実践編

①体力レベルチェック

体力には個人差があります。筋活では、速筋を鍛える筋トレと遅筋を鍛える有酸素運動を行うわけですが、どちらも最適な運動量を把握することが怪我や事故防止のために重要です。特に筋トレは低すぎる負荷では効果が期待できず、高すぎると腰や膝に負担をかけ故障の原因になります。そのため、現時点での体力レベルを知ることには意義があります。

体力レベルは、主として下半身の筋力状況について以下の３種目のテストで評価します。ただし、あくまでも安全面を重視し、無理をしない範囲で行うことが前提です。

（ⅰ）片足立ち：片足で何秒立っていられるかチェック

Ａ）壁を背にして真っ直ぐに立ち、両手を腰に付け、片足を床から15cm程度上げてキープする。

Ｂ）評価（各年代・男女で同じ）

レベル１（１点）	レベル２（２点）	レベル３（３点）
両足ともに１分未満	片足が１分未満	両足とも１分以上

（ⅱ）片足靴下履き：片足立ちで靴下が履けるかどうかをチェック

Ａ）壁の脇で片足立ちになり、上げた足に靴下を履かせる。

Ｂ）評価（各年代・男女で同じ）

レベル１（１点）	レベル２（２点）	レベル３（３点）
両足とも履けない	片足は履ける	両足とも履ける

（ⅲ）椅子の立ち座り連続10回：両手を胸の前で交差させて椅子の前に立ち、できるだけ速いスピードで連続10回立ち座りを繰り返し、それに要した時間をチェック

Ａ）座ったときにお尻が少しでも椅子の座面に触れたら直ぐに立ち上がる。

Ｂ）評価（各年代で男女とも同じ）

	レベル１（１点）	レベル２（２点）	レベル３（３点）
50歳代	13秒～	８～12秒	～７秒
60歳代	14秒～	９～13秒	～８秒
70歳代	18秒～	19～17秒	～９秒

(iv) 体力レベル判定

A）レベル１（３種目のトータール点数が３点）：まずは筋肉量を増やすために基本の筋トレとウォーキングを組み合わせた運動を習慣にしましょう。

B）レベル２（３種目のトータル点数が４～８点）：もう少し筋力アップを目指しましょう。そのために中程度の負荷をかけることが大切です。

C）レベル３（３種目のトータル点数が９点）：同年齢の人に比べ体力が維持できています。筋肉量を減らさないようにトレーニングを行いましょう。

②筋トレ実施上の注意点

筋トレを実施する上で大切なことは、自分の体力レベル（レベル１～３）に応じた回数を行うことです。基本的にどの種目も１セットは10回、あるいは左右10回ずつです。レベル１の場合は各種目１セット、レベル２の場合は各種目２セット、レベル３の場合は各種目３セットとし、実施頻度は最低週２日以上ですが、お勧めは週５日です。忙しいときや体調が悪いときは無理せず休んでください。好きな時間や、空いた時間を利用して、１回にまとめて行っても、数回に分けて行っても構いません。また筋トレを安全で効果的に行うために、（ア）呼吸を止めない（イ）ゆっくり動かす（ウ）鍛える筋肉を意識する（エ）体調が悪いときは休む、この４点を守ってください。

③下半身を効率よく鍛える筋トレ

前述した通り、下半身の筋肉は上半身に比べ加齢に伴い衰えやすいので、意識して鍛える必要があります。特に下半身の中でも、股関節周りの腸腰筋、太もも（大腿四頭筋・ハムストリングス）やお尻（大臀筋・中臀筋・小臀筋）などの大きな筋肉を鍛える筋トレは、優先して取り組むと良いでしょう。ここでは、下半身を効率よく鍛えるための「基本の筋トレ」を紹介します。実施上の注意点を守り、実践してみましょう。

（ⅰ）「椅子に座って太もも上げ」…腸腰筋・腹筋を鍛える

A）椅子に浅く座り、両手は椅子の座面前側を軽く押さえ、背筋は伸ばします。

B）姿勢を維持し、真っ直ぐ片足の太ももをゆっくり「1」と数えながらできるだけ高く持ち上げると同時に、胸を膝に近付けるように上体をかがめ1秒間キープします。その後、「1・2・3」とゆっくり上体と足を戻します。10回続けて上げ下げを行った後、逆足も同様に行います。

（ⅱ）「スクワット」…下半身の筋肉（太ももとお尻）をバランス良く鍛える

A）足を肩幅に開いて立ち、椅子の背を両手でつかみます。

B）ゆっくり「1」と数えながら膝が90度に曲がるまで腰を落とし、1秒間キープします。このとき、膝がつま先よりも前に出ないよう気をつけましょう。また腰を深く落とすのが難しい場合は、曲がる角度まで行いましょう。「1・2・3」とゆっくり立ち上がり、元の姿勢に戻ります。10回を1セットとして行います。

C）椅子を使わずにスクワットを行うと、より筋トレの効果が高まります。その場合は、両手を腰に当てて行ってください。

（ⅲ）「つま先立ち」…ふくらはぎを鍛えて全身の血行をよくする

A）足を肩幅に開いて立ち、椅子の背を両手でつかみます。

B）両足のかかとをゆっくり「1」と数えながら真っ直ぐに上げ、1秒間キープした後、「1・2・3」でゆっくり元の姿勢に戻ります。かかとを上げた姿勢をキープするときは、足の親指の付け根で踏ん張るようにしましょう。10回を1セットとして行います。

④有酸素運動の実践

有酸素運動のお勧めは、体への負担が少ないウォーキングですが、週に３～４日も行うのはなかなか大変なことです。そういった場合は、日常生活をより活動的にすることである程度補うことができます。例えば「買い物には少し遠い店を選んで歩いて行く」「電車やバスに乗らずに歩く」「エレベーターやエスカレーターを利用せず階段を使用する」というように、日常生活のなかで「こまめに歩く」工夫をするだけでも有効です。

実際にウォーキングを行う場合、かつて「脂肪を燃焼するためには20分間連続して有酸素運動を行う必要がある」といわれていましたが、有酸素運動は分割して行っても、まとめて行った場合とほぼ同様の効果が得られることが分かっています。つまり30分のウォーキングであれば、10分間ずつ３回に分けても、まとめて歩いても効果に大差はないということです。また、この分割は１週間単位でも可能になります。健康づくりを目的としたウォーキングは１日8,000歩が目安とされています。しかしこれは毎日必ず8,000歩という意味ではなく、１週間で56,000歩（8,000歩×７日）になるようにすれば良いということです。つまり5,000歩の日があっても、１週間のなかで足りなかった3,000歩を補填できれば良いことになります。ちなみに10分間の歩行で約1,000歩です。

〔第２章　第３節〕春日井淳夫：明治大学政治経済学部教授
（健康・運動科学、体育学）

第4節

生涯現役のためのストレス・マネジメント

ここでは、ストレス発生のメカニズム、ストレス症状と対処方法、心身の健康と職場のメンタルヘルス対策、人生の生き方としてプラス思考と挑戦意欲の重要性、生涯現役時代のストレス・マネジメントについて考えてみましょう。

(1) ストレスのメカニズムとストレス・コーピング

①ストレス発生のメカニズムとストレス症状

ストレスと上手につき合うにはストレスがどのように起こるのか、ストレス発生のメカニズムを理解する必要があります。ストレスが発生するメカニズムとストレス症状の3段階について考えてみましょう。

1．ストレス発生のメカニズム

ⅰ）ストレッサー：ストレスの原因として外部からの圧力になるものがストレッサーです。

ⅱ）認知的評価：ストレッサーに出会ったとき、心の中で何がどの程度のストレスなのか自分の対処能力範囲か範囲外かを決める判断をします。これを「認知的評価」と呼びます。「認知」とは、ある出来事や人物を知覚したとき、それが何かを判断したり解釈したりする思考のプロセスです。

iii）ストレス反応：対処できないと判断したとき、ストレス反応と呼ばれる症状や行動が生じます。

2．ストレス症状の3段階

ストレスを引き起こす原因となるストレッサーが加え続けられると、生体の反応は時間とともにどのように変化していくのでしょうか。ストレス症状は次の3つの段階に分けられます。

第1段階（警告反応期）：血圧の変化や頭痛、倦怠感などの軽い症状があらわれます。体に過度なストレスがかかり始めている状況を示しています。

第2段階（抵抗期）：警告反応期より大きなストレスがかかって自律神経がストレスに対処しようと抵抗する段階です。体の負担は着実に増大していますが、調子が良くなったように錯覚し、仕事のパフォーマンスや集中力が上がることもあります。

第3段階（疲弊期）：許容範囲を超えるストレスがかかり心身ともに疲れ果ててしまう段階です。体が思うように動かない、やる気がおきないなど、自分ではコントロールできない状況になります。

ストレスのメカニズムとストレス反応の経過を正確に把握し、適切に対応する必要があります。

②ストレス・コーピング

ストレスと上手に向き合い対処して、ストレスを解消する行為を「ストレス・コーピング」と呼んでいます。

ストレスが理論的に議論されるようになったのは、1936年にハンス・セリエによる論文が『Nature』に掲載されてからです。セリエはストレスを外部からの刺激によって引き起こされる生物学的反応とその歪みと解釈しています。

ストレスとは物体が外部から圧力を受けると生じる「ひずみ」「ゆがみ」という物理学用語からきたものですが、カナダの生理学者のセリエはこれを生命体に応用し、有害な刺激（ストレッサー）が引き起こす生体の歪んだ状態を総称する概念として提唱したのです。

健康インストラクターの笹原美智子は、「自分の思い通りにならずネガティブな感情や考えになり、イライラして気持ちがすっきりしない状態」をストレスと表現しています。思い通りにならないので怒り・不満・不安に思い落ち込むのです。しかし、元来、自分の思い通りにならないのが人生なのです。

吉田兼好は随筆『徒然草』189段のなかで、「人生は思い通りにならない」と述べています。

毎日そんなに楽しいことがあるわけではなくても、日常生活の中でささやかな幸せを見つけられる気持ちを持つことが大切です。ストレスはエンドレスでゼロにはできませんが、ストレスを軽減してストレスに負けない心を作るよう心掛けたいものです。

(2) 心身の健康と職場のメンタルヘルス対策

①メンタルヘルス不調と心身の健康

厚生労働省の「令和３年労働安全衛生調査（実態調査）の概況」によると、メンタルヘルス不調とは、「精神及び行動の障害に分類される精神障害のみならず、ストレスや強い悩み、不安など、労働者の心身の健康、社会生活の質に影響を与える可能性のある精神的及び行動上の問題を幅広く含むもの」と定義されています。働く人たちは多くの悩みを持っています。それが原因となってストレスを感じてしまうのです。メンタルヘルス不調は、強いストレスや悩み、不安を抱えて心の健康を崩している状態です。うつ病などの精神的疾患にかかっていなくても、ストレスや悩みによって気分が落ち込んでいる状態がメンタルヘルス不調です。

メンタルヘルス不調になると、やる気が起きなかったり、集中力が欠けたりして仕事に支障が起こります。

それが誘因となって病気となり、精神疾患を引き起こす可能性があります。職場での精神疾患で多いのは、不安を中心とした神経症性障害やうつ病に代表される感情障害などがあります。

ストレスが原因で不安感や恐怖心があらわれる神経性障害、人と話すときや多人数の前で話すときに強い不安を感じる社交不安障害やパニック障害も神経性障害です。メンタルヘルス不調者を出さないための対策としては、早期の適切なケアや研修などで学習することが重要です。

ストレスを解消するには「4つのR」が重要だといわれています。4つのRとは『レクリエーション（Recreation）』、『リラクゼーション（Relaxation）』、『リトリート（Retreat）』、『レスト（Rest）』の頭文字をとったものです。

レクリエーションは、趣味や遊びを通して気分転換を図ることです。リラクゼーションは、心身の緊張をほぐすことで交感神経と副交感神経のバランスを整えます。リトリートは、ストレッサーと距離を取ること、つまり、温泉でゆったり過ごすなど日常生活から物理的に距離をとる時間を持つことで心身をリセットすることです。レストとは、睡眠や休息のことです。

②職場のメンタルヘルス対策の現状

近年、働く環境はデジタル社会の進展でドラスティックに変わりました。IT技術の進歩によって業務の効率やスピードが上がり、いつでもどこでも手軽に多くの情報を得られるようになっています。また女性の社会進出が進み、仕事と家庭のあり方や夫婦関係の考え方などが変化しています。

厚生労働省の「令和3（2021）年労働安全衛生調査（実態調査）」によると、「現在の仕事や職業生活で強いストレスを感じる事柄がある」と答えた労働者の割合は53.3％、2013年以降は50％を超える状態が続き、働いている人の2人に1人が強いストレスを感じています。その内容は「仕事の量」が最も多く43.2％、力量を超える仕事、長時間労働などが仕事の負担になっているようです。次いで「仕事の失敗、責任の発生」33.7％、「仕事の質」が33.6％、「対人関係」25.7％と続いています。空気を読まなければならない相手への気遣い、上下関係など神経を使う職場での人付き合いが心の負担になっているようです。

一方、企業の状況をみると、メンタルヘルス対策に取り組んでいる企業の割合は、2013年から2021年まで6割前後となっています。取り組みの内容は、「ストレスチェックの実施」が65.2％と最も多く、次いで「職場環境等の評価及び改善」54.7％という結果です。

③健康経営の考え方

最近、注目されている企業のメンタルヘルスの課題として「健康経営」*という考え方があります。従業員の健康管理は、企業業績を高め、組織の活性化を促進する経営手法として期待されています。健康経営とは、従業員の健康管理に対応することで経営的成果を高めることです。経済産業省ヘルスケア産業課（令和4年6月）の「健康経営の推進について」では、「健康経営は従業員等の健康保持・増進の取組が、将来的に収益性等を高める投資であるとの考えの下、健康管理を経営的視点から考え、戦略的に実践すること」と定義しています。そのうえで、健康投資を「健康経営の考えに基づいた具体的な取組」とし、「企業が経営理念に基づき、従業員の健康保持・増進に取り組

＊「健康経営®」は、NPO法人健康経営研究会の登録商標です。

むことは、従業員活力向上や生産性の向上等の組織の活性化をもたらし、結果的に業績向上や、組織としての価値向上へ繋がることが期待される」としています。これは、従業員の健康を増進することで、従業員の活力の向上、組織の活性化、生産性の向上、国民医療費の抑制にもつなげていこうとする発想といえます。

このように、企業が健康に取り組む考え方が注目されています。

(3) 人生の生き方はプラス思考と一歩前への挑戦意欲

①人生・仕事の結果を決める３要因

稲盛和夫（2017）は、人生の結果、仕事の結果は、「能力・熱意・考え方」という３つの要因の掛け算であらわされると指摘しています。人生の方程式を構成する要因のうち、「能力」と「熱意」がゼロから100点まであるのに対して、「考え方」はマイナス100点からプラス100点まであるとしています。そして、他者を気遣う利他の思いやりの心を持って前向きの姿勢で、明朗快活に生きようとする考え方の重要性を述べ、充実した豊かな仕事人生の方程式となる「プラス思考」を提唱しています。

仕事・人生の結果＝　能力　×　熱意　×　考え方

0点～100点　0点～100点　－100点～100点

漫画家の松本零士の代表作「さよなら銀河鉄道999」のなかで、「若者はね、負けることは考えないものよ。一度や二度しくじっても最後には勝つと信じて」と語りかけるメーテルの言葉は心に響きます。また、重松製作所の重松開三郎は「失敗をぼやくのではなく、どのようにすればより良い仕事ができるのかの改善策を考え、その実現に向けて努力することが人材育成に重要である」と指摘しています。

失敗をするのが人間です。そのままにしておくから失敗なので、なぜ失敗したのかを検証し改善の努力をすれば成功に変わるのです。しくじりを失敗と考えず、練習やトレーニングと思考回路を変えて改善し努力してみることが肝要なのです。

②ヤマアラシのジレンマと心理的距離

現代人は人と人との深い関わりを回避しようとする傾向が強いといわれます。これは現代社会の人間関係の特徴を示唆しているといえます。

ドイツの哲学者ショウペンハウアーの『比喩と寓話』のなかで、次のような物語があります。「寒い冬のある日、2匹のヤマアラシがお互いに身体をあたためあおうとして近づいた。しかし、あまり近づきすぎると、ヤマアラシのトゲの痛いのが感じられて離れた。近づいたり離れたりを繰り返しているうちにあたためあえ、傷つけあわない適度な間隔をとれるようになった」。これが「ヤマアラシのジレンマ」です。米国の精神科医ベラックは、人と人との心理的距離感について「ヤマアラシのジレンマ」をベースに、現代人の人間関係の愛憎や葛藤を論じています。親しさが増してくると、お互いにエゴの衝突が生じやすくなります。しかし、離れすぎると孤独に陥り、寂寥感にさいなまれるのです。

コロナ禍でのリモートワークなど、人と人とのほど良い距離が難しさを増しています。コミュニケーションは「相互理解」の架け橋です。コミュニケーションには情報を共有することの意味があります。相手に「伝える」話し方でなく、「伝わる」話し方で親密な信頼関係が構築できるのです。時間や約束事をきちんと守ることが信頼を獲得する第一歩です。どのように人とのコミュニケーションを深めていけばよいのか工夫が求められています。

人間は社会生活の中でさまざまなストレスを受けています。特に仕事をする職場では予期せぬ問題、リスクの高い問題などに直面することがあります。このような問題に対処し解決するためには、それなりの準備や態勢が出来ていないと、心が押しつぶされてしまいます。そんなことに負けてなるものかという折れない心を持ち、竹のようにしなやかで強靭な精神力を持つことも重要です。

ストレスをマイナス要因としてではなく、ほど良い緊張に置き換えて、それをバネにして良い結果を生むこともできます。それが可能な人は、ストレス対応力が強いといえるでしょう。ストレスは誰もが受けるものですが、それをどう乗り越えていくかが大切です。柔軟に対応する心と、一歩でも前へ進もうとする精神力が大きなカギを握っているのです。

(4) 生涯現役時代のストレス・マネジメント

①健康第一が長寿への備え

ストレス・マネジメントとは、ストレスによるメンタルヘルス不調を防ぎ、ストレスとの上手なつき合い方を考え、自分に合った適切な対処法を行うことです。

長寿への備えとして「健康」は、豊かな老後を築く最も重要な基盤です。そのためにも健康的な生活習慣に努めたいものです。貝原益軒の『養生訓』に「人生に三楽あり。命ながくして久しく楽しむことあり」の言葉があります。

これまでに出会った多くの方々との良き思い出を大切に、これからの出会いに思いを寄せ、今日をいかに生きるべきかを考え、「健康第一」をモットーに長命を保ち、楽しみながら充実した人生を生き抜いていきたいものです。

②精神力の構造は「鋭力」「熱力」「静力」の総和

高岡英夫（運動科学総合研究所）は、精神力の構造を「鋭力」「熱力」「静力」の総和と表現しています。第一に「鋭力」です。これは物事に集中して重要な局面で持てる力を発揮する能力です。第二は「熱力」。これは物事に取り組む原動力です。しかし、気持ちばかりでは空回りして力を発揮できません。そこで重要になってくるのが物事を冷静に判断する「静力」です。これら３つの能力がバランスよく発揮されたとき成果が得られるのです。静力を鍛えるには客観的に物事を分析する訓練を繰り返すのが効果的です。人間はイメージで物事を判断してしまう傾向があるので正確に見極めようと意識することが重要です。

あなたの「静力」関する問題を準備しましたのでトライしてみてください。

問題　一円玉と同じ大きさの円をイメージで書いてください。もちろん、実物の一円玉を見てはいけません。

解説　円を書いたら一円玉と比較してください。実物よりも小さい円を書いていませんか。

ある実験によると、約９割の人が小さく書いてしまうそうです。その理由は、１円という金額から価値を低く連想するため、円の大きさも小さくなりがちだからです。このことからも、人間はイメージで考えやすく、物事を正確にとらえるには客観視する練習が大切になることがわかると思います。

③人生の夢の扉を開く秘訣は「鉈（ナタ）」のような生き方

人生は楽で平坦な道ばかりではありません。追い風の時も向かい風が吹く時もあるのです。目標達成に向けてひたむきな情熱と、「前へ」のチャレンジ精神を心の合言葉に、打たれ強く諦めることなく自分の可能性を信じて「夢の扉」を開いて生き抜くことを期待して人生目標を持ち、逆境のなかで逞しく生き抜くタフネス・マインドも不可欠です。

「カミソリではなく重厚な鉈（なた）であれ」という言葉があります。カミソリはシャープで切れ味も鋭いが、一度刃こぼれするとすぐ使えなくなります。しかし、鉈は刃こぼれしても研ぐことで何度でも使えるのです。何回も立ち上がって前へ進む推進力のある骨太の精神で、粘り強く歩みを進めていくのが「鉈」のような生き方です。

④生涯現役年時代は「学び直し」への学びを続ける意識と覚悟が必要

人生100年時代を考える風潮が高まり、「これからいかに働くべきか」、「モチベーションを維持しながら活き活きと働き続けられる環境づくり」、「イノベーティブで持続可能性の高い働き方」など、キャリア形成や働き方の問題が重要な課題です。

リンダ・グラットンは、これまでのライフステージは「教育」→「就職」→「定年後」の３ステージに分けられたが、人生100年時代には、そのような単線的なものから複線的・複々線的なマルチステージな生き方が求められるようになるとしています。基礎教育を終えて社会人になった後、「リカレント教育」によって新鮮な能力を維持し磨き続けていくことが求められます。仕事に活かすために学び直してもう一度同じ会社に戻って仕事をしたり、新たな会社でそれまでとは異なる生き方に挑戦するなど、様々な形で「社会参加」をする期間が長くなります。

「学び」と「就労」を繰り返しながら自分らしい生き方を模索し実

践していくことが当たり前になると考えられます。人生のほど良いタイミングで学び直さなければ、自分が望むキャリアをデザインできない時代になっていくのです。そのため人生100年時代を生涯現役で働き続けるには、「学び直し」への学びを続ける意識を持つことが重要になります。学ぶ意欲に定年はないのです。

「学び続ける」ことこそ長い人生を充実化させるエネルギー（原動力）なのです。

生涯現役生活を続けるための人生設計を考える時代です。これからの人生を有意義に生きるためのライフデザインは、定年時ではなく50歳を起点として設計する時代になっています。「人生の旅」には、主人公は自分自身なのだという主体的な生き方に軸足を置き、充実した人生行路をめざすための明確な設計図としてのライフデザインを心がけてほしいものです。

〔第2章　第4節〕木谷光宏：明治大学名誉教授（産業心理学、
組織心理学）

〈引用・参考文献〉

稲盛和夫『心と生き方』PHP 研究所　2017年
貝原益軒（松田道雄訳）『養生訓』中公文庫　2017年
木谷光宏「人生100年時代の夢のプリズム」『政経フォーラム』第39号　明治大学政治経済学部　2020年
笹原美智子「幸せ見つけ日々を生きる」『JADA ニュース』第339号　中高年齢者雇用福祉協会　2007年
重松開三郎『マスク屋60年』産業能率大学出版部　2012年
古畑和孝編『社会心理学小辞典』有斐閣　1994年
リンダ・グラットン、アンドリュー・スコット　池村千秋監訳『LIFE SHIFT』東洋経済新報社　2016年
人材育成学会編『人材育成ハンドブック』金子書房　2019年

ヒューマック研究室編『管理者の進路設計プログラム』評言社　1994年
経済産業省『健康経営の推進について』
厚生労働省「令和３年　労働安全衛生調査（実態調査）結果の概況」

資産管理
～Asset Management～

第 **1** 節

50歳からの生活と経済プラン

(1) 定年後の夢と現実

定年後の経済プランを考える際、将来どのような生活を送りたいのか、つまり夢を描くとよいでしょう。一度しかない人生ですから、定年後に自由時間がたっぷりうまれた時に何をやりたいのか、どこに住みたいのか、ささやかでもいいので夢をまず描いてみてください。

その夢を実現する費用がどのくらいかかるのか、またその夢を阻むリスク、例えば病気や介護にどのように備えるのかも同時に考える必要があります。

人生100年時代と言われています。せっかく長生きできるようになったので、たくさんの夢を実現したいと考えることでしょう。一方で想定外に長生きした場合のリスクに備えて、人生の三大不安といわれる「貧困・孤独・病気」について考え、準備しておく必要もあります。

定年後は思う存分旅行を楽しみたいとか、ゴルフを楽しみたいとか、いろいろな夢を描くものの、肝心のお金がないのであれば、夢は絵空事になってしまいます。80歳くらいで貯蓄が底をついてもその時点で働き始めるというのは無理があります。

そこでお勧めするのは、年金を受給できるようになった後は「無理せず楽しく長く働くこと」です。週３日のアルバイト程度の仕事でもよいですし、定年後ゆったり起業でもよいと思います。好きな仕事に就いて、月に数万円の収入があれば、年金だけでは足りない分を補うことができます。

(2) 定年後の収支

50代サラリーマンにとって、定年後はどのくらい生活費がかかるのかは気になるところです。当然のことですが、生活費はそれぞれの家庭によって全く異なります。家計簿をつけていると、「我が家では毎月いくらくらいの生活費を使っているのか」について把握することはできますが、家計簿をつけている家庭はわずか２～３割です。

家計簿をつけていなくても、50代のサラリーマン家庭で、仮に月35万円くらいの生活費を使っていると推定できれば、定年後はその８割である28万円程度の生活費がかかるであろうとみることはできます。

図表１は、「65歳以上の夫婦のみの無職世帯の家計収支」を示したデータです。これによると、消費支出と非消費支出の合計額は268,508円です。一方、年金などの実収入は246,237円で、毎月の不足額は22,270円です。毎月の不足額が変わらないと想定すると、仮に95歳まで長生きした場合、不足額は約8,017,000円になります。

2019年に金融審議会が報告した「長寿社会における資産形成・管理」では、「老後2,000万円不足問題」が表面化し、大きな話題になりました。あのときに使用されたデータは、図表１と同じ家計調査でしたが、2017年の調査結果でした。当時の調査では月5.5万円不足するので、30年間では2,000万円不足するという計算結果になったのです。

総務省統計局の「家計調査」は、定年後の生活費を検討する上では、参考程度に見ていただくのがよいでしょう。大切なのは、我が家では今までどのような生活スタイルで、どの程度生活費がかかっていたのか、つまりキャッシュフローを現状把握し、さらに定年後はどの

図表1　65歳以上の夫婦のみの無職世帯の家計収支（総務省統計局「家計調査」2022年）

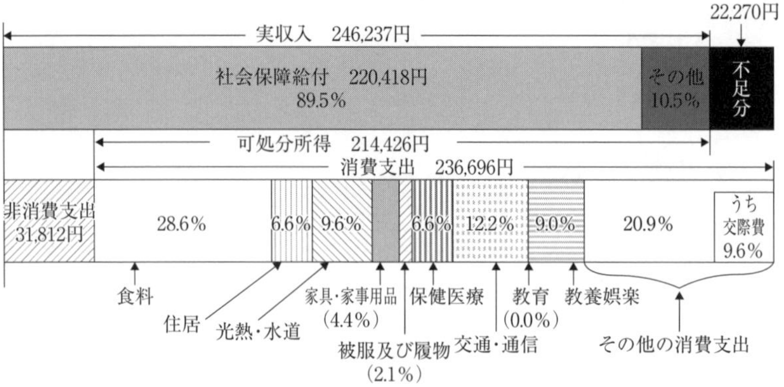

図表2　65歳以上の単身無職世帯の家計収支（総務省統計局「家計調査」2022年）

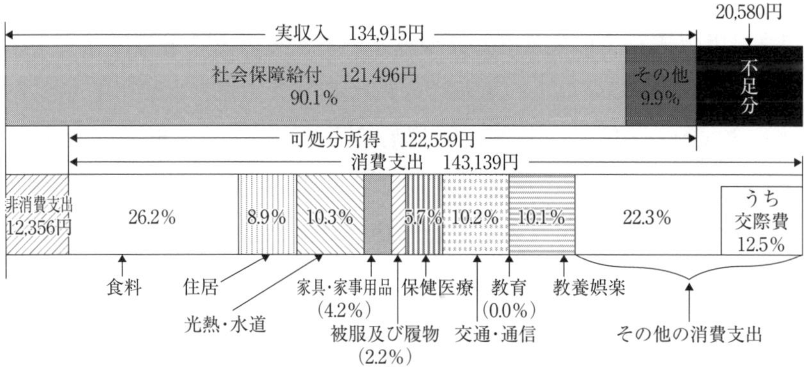

ような生活を送りたいのか十分に計画を立てたうえで、定年後の生活費を予測することが肝心です。

図表2には、「65歳以上の単身無職世帯の家計収支」を示しています。単身世帯の場合は、消費支出と非消費支出の合計額は155,495円です。単身なので夫婦世帯に比べて生活費が半分になるということにはなりませんので、注意する必要があります。ちなみに実収入との差

額は、月20,580円です。仮に95歳まで長生きした場合、不足額は約7,409,000円になります。

(3) 年金の基礎知識

定年後の収入の中で最も頼りになるのが、年金です。退職金も頼りになりますが、退職金が支給されない会社もありますし、支給されても近年は少しずつ額が減少しています。

①公的年金の仕組み

日本に住んでいる20歳以上60歳未満の人はすべて国民年金に加入し、国民年金の保険料を納める義務があります。国民年金の被保険者は、働き方により第1号被保険者～第3号被保険者になり、それぞれの立場で保険料を納めることになっています（図表3参照）。

図表3　国民年金の被保険者

	加入する人	国民年金の保険料
第1号被保険者	20歳以上60歳未満の自営業者・農業者とその家族、学生、無職の人	国民年金の保険料を原則毎月納める
第2号被保険者	会社に勤めている人や公務員など厚生年金保険に加入している人	給与や賞与から厚生年金保険料が徴収され、その中に国民年金の保険料が含まれている
第3号被保険者	第2号被保険者に扶養されている20歳以上60歳未満の配偶者で年収が原則130万円未満の人	第3号被保険者の期間は国民年金の保険料を納めたことになる

②老齢年金の支給開始年齢

国民年金の保険料を10年以上納めている人は、65歳から老齢基礎年金を受給することができます。さらに老齢基礎年金の受給権がある人で、厚生年金保険の加入期間がある人は、生年月日に応じて決められた年齢に達すると報酬比例部分（老齢厚生年金）を受給することができます（図表４参照）。

64歳までは報酬比例部分（特別支給の老齢厚生年金）、65歳以後は老齢厚生年金になります。

図表４　報酬比例部分（老齢厚生年金）の支給開始年齢

生年月日	男性	女性
昭和29年４月２日～昭和30年４月１日	61歳	60歳
昭和30年４月２日～昭和31年４月１日	62歳	〃
昭和31年４月２日～昭和32年４月１日	〃	〃
昭和32年４月２日～昭和33年４月１日	63歳	〃
昭和33年４月２日～昭和34年４月１日	〃	61歳
昭和34年４月２日～昭和35年４月１日	64歳	〃
昭和35年４月２日～昭和36年４月１日	〃	62歳
昭和36年４月２日～昭和37年４月１日	65歳	〃
昭和37年４月２日～昭和38年４月１日	〃	63歳
昭和38年４月２日～昭和39年４月１日	〃	〃
昭和39年４月２日～昭和40年４月１日	〃	64歳
昭和40年４月２日～昭和41年４月１日	〃	〃
昭和41年４月２日以降	〃	65歳

③老齢年金の年金額

■老齢基礎年金の額

国民年金から支給される老齢基礎年金の額は、図表５の計算式で計算されます。

会社に勤めている人や公務員など厚生年金保険に加入している人は、厚生年金保険料を納めた期間のうち20歳以上60歳未満の期間が保険料納付済月数になります。なお、厚生年金保険の加入期間に「免除

図表５　老齢基礎年金の計算式（令和５年度）

$$795{,}000\text{円}(*1) \times \frac{\boxed{\text{保険料納付済月数}} + \boxed{\text{国民年金の保険料免除に応じた月数}}}{480\text{月}}$$

（＊１）現役世代の賃金や世の中の物価、また少子高齢化の進み具合により毎年改定されます。

月数」はありません。

■老齢厚生年金の額

厚生年金保険から支給される老齢厚生年金の額は、図表６の計算式で計算されます。

図表６　老齢厚生年金（報酬比例部分）の計算式

老齢厚生年金（報酬比例部分）の額 ＝ Ａ ＋ Ｂ Ａ：平成15年３月以前の加入期間 Ｂ：平成15年４月以後の加入期間 Ａ＝平均標準報酬月額（＊2）×7.125／1000×平成15年３月以前の加入月数 Ｂ＝平均標準報酬額（＊3）×5.481／1000×平成15年４月以後の加入月数

（＊２）平均標準報酬月額とは、平成15年３月以前の加入期間について、計算の基礎となる各月の標準報酬月額（現在の価値に再評価した額）の総額を、平成15年３月以前の加入月数で割って得た額です。

（＊３）平均標準報酬額とは、平成15年４月以降の加入期間について、計算の基礎となる各月の標準報酬月額と標準賞与額（現在の価値に再評価した額）の総額を、平成15年４月以降の加入月数で割って得た額です。

④老齢年金の繰上げと繰下げ支給

65歳から支給される老齢基礎年金と老齢厚生年金は、65歳前から繰り上げて受給したり、66歳以後に繰り下げて受給することができます（図表７）。

繰り上げて受給した場合は、ひと月あたり0.4％減額されます。

（昭和37年４月１日以前生まれの方の減額率は、0.5％です）

図表7　老齢年金の繰上げと繰下げ支給

受給方法	請求時年齢	受給率	増減率	損益分岐点	
繰上げ受給	60歳0ヵ月	76.0%	1ヵ月繰り上げで0.4%減額	80歳10ヵ月	受給総額が65歳受給者に追いつかれる年齢
	61歳0ヵ月	80.8%		81歳10ヵ月	
	62歳0ヵ月	85.6%		82歳10ヵ月	
	63歳0ヵ月	90.4%		83歳10ヵ月	
	64歳0ヵ月	95.2%		84歳10ヵ月	
本来請求	65歳	100.0%			
繰下げ受給	66歳0ヵ月	108.4%	1ヵ月繰り下げで0.7%増額	77歳11ヵ月	受給総額が65歳受給者を超える年齢
	67歳0ヵ月	116.8%		78歳11ヵ月	
	68歳0ヵ月	125.2%		79歳11ヵ月	
	69歳0ヵ月	133.6%		80歳11ヵ月	
	70歳0ヵ月	142.0%		81歳11ヵ月	
	71歳0ヵ月	150.4%		82歳11ヵ月	
	72歳0ヵ月	158.8%		83歳11ヵ月	
	73歳0ヵ月	167.2%		84歳11ヵ月	
	74歳0ヵ月	175.4%		85歳11ヵ月	
	75歳0ヵ月	184.0%		86歳11ヵ月	

繰り下げて受給した場合は、ひと月あたり0.7%増額されます。

（昭和27年4月1日以前生まれの方は、繰下げの上限年齢が70歳までとなります）

■繰上げと繰下げ支給の損益分岐点

図表7には、繰り上げたり繰り下げた場合の「損益分岐点」を示しています。

「損益分岐点」とは、仮に70歳まで繰り下げて受給した場合の受給総額は、65歳から受給した場合と比較して81歳11カ月で超えるので有利という意味です。

例えば、65歳から受給できる老齢年金が年額100万円とすると、81歳11カ月時点での受給総額は、100万円×16年11ヵ月≒1,692万円になります。一方、70歳から繰下げ受給すると老齢年金は42％増の年額142万円になるので、142万円×11年11ヵ月≒1,692万円になります。つまり、81歳11カ月以上長生きすれば、年額42万円増額された年金を生涯受給し続けることができるので、ゆとりある年金生活を送ることができるということになります。

逆に繰り上げ受給は、減額された年金が一生続くので、老後生活にゆとりがなくなる可能性が高くなるということになります。つまり、長生きのリスクに備えるためには、繰り下げ受給した方が安心かもしれません。

しかし、繰り下げ受給した場合は、年金額が増える分、税金も社会保険料も増えることになります。自身のライフプランを考慮したうえで判断することが必要になります。

⑤経過的加算

昭和24年４月１日生まれまでの男性、および昭和29年４月１日生まれまでの女性が、60歳以降に受ける特別支給の老齢厚生年金は、定額部分と報酬比例部分を合算して計算されていました。65歳以降の老齢厚生年金は、それまでの定額部分が老齢基礎年金に、報酬比例部分が老齢厚生年金に相当します。しかし、当分の間は老齢基礎年金の額より定額部分の額のほうが多いため、65歳以降の老齢厚生年金には定額部分から老齢基礎年金を引いた額が加算されます。これを「経過的加算」といいます。

■経過的加算の額

経過的加算の額は、図表８の計算式で計算されます。

経過的加算は、老齢厚生年金が支給される65歳から支給されます。

図表８　経過的加算の計算式（令和５年度）

経過的加算の額 ＝ Ａ － Ｂ Ａ＝1,657円×厚生年金被保険者月数（上限480月） Ｂ＝795,000円×20歳以上60歳未満の厚生年金被保険者月数

Ａ式の「厚生年金被保険者月数」には、20歳前や60歳以後の期間も含まれますので、仮に60歳以後も厚生年金保険に加入して働き続けると、経過的加算の額が増えることになります。

学生時代に国民年金の保険料を払っていなかった人は、老齢基礎年金の額が満額（795,000円）に満たないので、これを埋めるために60歳以後国民年金に任意加入して保険料を納めて満額にすることはできますが、60歳以後も厚生年金保険に加入して働き続ければ国民年金に任意加入して保険料を納めたと同じ効果が得られることになります。

仮に、60歳以後国民年金に任意加入して２年間保険料を納めた場合、老齢基礎年金＝795,000円×24月／480月＝39,750円増えますが、60歳以後も厚生年金保険に加入して２年間働き続けると、経過的加算＝1,657円×24月＝39,768円増えることになります。

⑥加給年金額

厚生年金保険の被保険者期間が20年以上ある人が、65歳到達時点で、その人に生計を維持されている配偶者（＊１）または子（＊２）がいるときに加算されます。

（＊１）対象となる配偶者は、65歳未満かつ前年の年収が850万円未満または所得が655万5000円未満であること。厚生年金の被保険者期間が20年以上ある配偶者が報酬比例部分（老齢厚生年金）を受給できるようになると配偶者加給年金は支給停止になります。

（＊２）対象となる子は、18歳到達年度の末日までの間の子または１級・２級の障害の状態にある20歳未満の子。

■加給年金の額

加給年金の額は、図表９のとおりです。

図表９　加給年金の額（令和５年度）

・配偶者加給年金の額 ＝加給年金額（228,700円）＋特別加算額（168,800円）
＝397,500円
・子の加給年金の額：２人目まで……228,700円（１人につき）
３人目から……76,200円（１人につき）

⑦在職老齢年金

厚生年金保険に加入して働いた場合には、老齢厚生年金の額と給与や賞与の額（総報酬月額相当額（＊１））に応じて、年金の一部または全額が支給停止となる場合があります。これを在職老齢年金といいます。

（＊１）総報酬月額相当額とは、
「（その月の標準報酬月額）＋（その月以前１年間の標準賞与額の合計）÷12」を示します。例えば、その月の標準報酬月額（月給）が30万円、標準賞与額（ボーナス）がその月以前１年間で120万円だった場合、30万円＋120万円÷12＝40万円になります。

■在職老齢年金の計算式

在職老齢年金の額は図表10のように計算されます。

図表10　在職老齢年金の計算式

在職老齢年金の額＝基本月額－（基本月額＋総報酬月額相当額－48万円）÷２

〈計算例〉
基本月額（老齢厚生年金の月額）が10万円、総報酬月額相当額40万円であれば、
在職老齢年金の額＝基本月額10万円－
（基本月額10万円＋総報酬月額相当額40万円－48万円）÷２＝９万円

■在職老齢年金の目安額

在職老齢年金の目安額は、図表11のとおりです。

図表11　在職老齢年金の目安額（令和５年度）

総報酬月額相当額	基本月額（＊１）					
	６万円	８万円	10万円	12万円	14万円	16万円
10万円	６万円	８万円	10万円	12万円	14万円	16万円
20万円	６万円	８万円	10万円	12万円	14万円	16万円
30万円	６万円	８万円	10万円	12万円	14万円	16万円
40万円	６万円	８万円	９万円	10万円	11万円	12万円
50万円	２万円	３万円	４万円	５万円	６万円	７万円

（＊１）基本月額とは、老齢厚生年金の月額です。

「65歳以後に年金を受給しながら働いていると、老齢厚生年金が支給停止になると聞いたので、働くことをやめてしまった」という人がいますが、もう少し冷静に考えてみたいものです。仮に老齢厚生年金の月額が10万円の人が、在職老齢年金の制度により年金が支給停止になるのは、年収が456万円（38万円×12月）を超える場合です。老齢厚生年金を受給できる年齢になって、年収が456万円を超える仕事に就くことはレアケースですから、老齢厚生年金が支給停止になることを心配する必要はないと思われます。

⑧障害年金と遺族年金

公的年金から支給される年金は、老齢年金だけではありません。

働いている人が障害者になった場合は障害年金、働いている人が亡くなった場合は遺族が遺族年金を受給できる場合があります。

■障害年金

病気やけがにより日常生活が困難になるとか労働ができなくなる

と、国民年金から障害基礎年金、厚生年金保険から障害厚生年金を受給できる場合があります。障害年金の受給要件は、図表12のとおりです。

図表12　障害年金の受給要件

障害基礎年金（国民年金）	障害厚生年金（厚生年金保険）
（1） 国民年金被保険者期間中に初診日（＊1）のある傷病で障害の状態になり、 （2） 障害認定日に（＊2）、1・2級の障害のある人で （3） 国民年金の保険料納付要件（＊3）を満たしていること	（1） 厚生年金保険被保険者期間中に初診日のある傷病で障害の状態になり、 （2） 障害認定日に1～3級の障害のある人で （3） 国民年金の障害基礎年金の保険料納付要件を満たしていること

（＊1）初診日とは、障害の原因となった病気やけがについて、初めて医師の診療を受けた日。
（＊2）障害認定日とは、初診日から1年6ヵ月を経過した日または1年6ヵ月以内に症状が固定した日。
（＊3）保険料納付要件とは、初診日の前日において初診日の属する月の前々月までに保険料の滞納が被保険者期間の3分の1を超えていないこと。または初診日のある月の前々月までの1年間に保険料の未納がないこと。

障害等級1級～3級の障害の程度はおおむね図表13のとおりです。

図表13　障害等級1級～3級の障害の程度

障害等級1級	他人の介助を受けなければ日常生活のことがほとんどできないほどの障害の状態
障害等級2級	必ずしも他人の助けを借りる必要はなくても、日常生活は極めて困難で、労働によって収入を得ることができないほどの障害
障害等級3級	労働が著しい制限を受ける、または、労働に著しい制限を加えることを必要とするような状態

障害年金は、障害の程度、家族構成により図表14に示した金額が支給されます。

図表14　障害年金の額（令和5年度）

1級	障害厚生年金	報酬比例部分の年金額（＊1）×1.25 ＋配偶者加給年金額（＊2）
	障害基礎年金	993,750円＋子の加算（＊3）
2級	障害厚生年金	報酬比例部分の年金額＋配偶者加給年金額
	障害基礎年金	795,000円＋子の加算
3級	障害厚生年金	報酬比例部分の年金額（＊4）
軽度	障害手当金（一時金）	報酬比例部分の年金額×2（＊5）

（＊1）報酬比例部分の年金額とは、下記のA＋Bの額。
A：平成15年3月までの報酬比例部分
＝平均標準報酬月額×7.125/1000×被保険者期間
B：平成15年4月以後の報酬比例部分
＝平均標準報酬額×5.481/1000×被保険者期間
「被保険者期間」は、AとBの期間が合計300月未満の場合は、300月として計算。
（＊2）配偶者加給年金額とは、228,700円
（＊3）子の加算とは、
2人目まで1人あたり年額228,700円、
3人目から1人あたり年額76,200円
子の加算の対象になる「子」とは、18歳到達年度末までの子または20歳未満の障害等級1・2級の子。
（＊4）最低保障額：596,300円
（＊5）最低保障額：1,192,600円

障害年金は、交通事故などで失明したり、足を切断したなどの場合に支給されますが、がんにり患したり、うつ病になった場合にも支給されるケースがありますので、年金事務所や社会保険労務士などの専門家に相談していただくことをお勧めします。

■遺族年金

遺族年金は、働いている人が死亡したときや、老齢年金を受給している人が死亡したときなどに、死亡した人に生計を維持されていた人（＊1）に支給される年金です。どのような人が亡くなった場合に、どのような遺族に遺族年金が支給されるのでしょうか？　図表15をご

覧ください。

図表15　遺族年金の受給資格要件と遺族年金をもらえる人

	受給資格要件	遺族年金をもらえる人
遺族基礎年金	下記の人が死亡したとき ①国民年金加入者 ②国民年金に加入していた人で日本国内に住んでいる60歳以上65歳未満の人 ③老齢基礎年金の受給権者または受給資格期間（25年以上）を満たしている人	死亡した人に生計を維持されていた ①子 ②子のある配偶者 ※子は、死亡当時18歳到達年度末までの子または20歳未満の障害等級１・２級の子
遺族厚生年金	下記の人が死亡したとき ①厚生年金保険の加入者 ②厚生年金保険の加入者であった人で加入期間中の傷病により初診日から５年以内の人 ③１・２級の障害厚生年金の受給権者 ④老齢厚生年金の受給権者または受給資格期間（25年以上）を満たしている人	死亡した人に生計を維持されていた配偶者、子、父母、孫、祖父母。 ※夫、父母、祖父母は、死亡当時55歳以上であること（支給は60歳から） ※子、孫は、死亡当時18歳到達年度末までの子または20歳未満の障害等級１・２級の子

（＊１）「生計を維持されていた」とは、収入が850万円未満であること。または所得が655万５千円未満であること。

遺族年金は、図表16のような金額が支給されます。

図表16　遺族年金の額（令和５年度）

遺族基礎年金	795,000円＋子の加算（＊２）
遺族厚生年金	死亡した人の報酬比例部分の年金額（＊３）×３/４

（＊２）子の加算とは、
　２人目まで１人あたり年額228,700円、
　３人目から１人あたり年額76,200円。
　子の加算の対象になる「子」とは、18歳到達年度末までの子または20未満の障害等級１・２級の子。
（＊３）報酬比例部分の年金額とは、下記のＡ＋Ｂの額。
　Ａ：平成15年３月までの報酬比例部分の年金額
　　＝平均標準報酬月額×7.125/1000×被保険者期間
　Ｂ：平成15年４月以後の報酬比例部分の年金額
　　＝平均標準報酬額×5.481/1000×被保険者期間
　「被保険者期間」は、ＡとＢの期間が合計300月未満の場合、300月として計算。

例えば、25年以上働いた会社員（夫）が定年前または定年後に死亡した場合、遺族厚生年金が配偶者（妻）に終身支給されます。18歳未満の子どもがいる場合は、遺族基礎年金も支給されます。18歳未満の子どもがいない場合は、遺族厚生年金に加えて、中高齢寡婦加算（＊４）が支給されます。夫死亡当時、子のない30歳未満の妻の場合は、５年間のみ遺族厚生年金を受給できます。

また、例えば厚生年金加入中の妻が死亡した場合、夫に遺族厚生年金が支給される場合があります。妻死亡当時、夫が55歳以上であれば、夫にも遺族厚生年金は支給されます。ただし、夫が60歳になるまで遺族厚生年金は支給停止になります。

18歳未満の子がいて遺族基礎年金を受給できる場合は夫に支給される遺族厚生年金は支給停止になりません。

（＊４）中高齢寡婦加算は、夫が死亡したときに40歳以上で子のない妻（夫の死亡後40歳に達した当時、子がいた妻も含む）に40歳から65歳まで加算されます。金額は、596,300円です。

※自身の具体的な年金額については、「ねんきん定期便」をご覧になるか、年金事務所にお問い合わせください。

⑨確定給付企業年金（DB）と企業型確定拠出年金（DC）

日本の年金制度には、「公的年金」と「私的年金」があります（図表17参照）。

公的年金制度については、①～⑧で詳しく解説しましたので、ここでは、私的年金のうち「企業年金」について解説します。

企業年金には、「確定給付企業年金（DB）」「企業型確定拠出年金（DC）」「厚生年金基金」がありますが、厚生年金基金は、2014年（平成26年）４月１日以降、新規設立は認められなくなり事実上制度が廃止になりました。

図表17　日本の年金制度

<table>
<tr><td rowspan="8">年金制度</td><td rowspan="2">公的年金</td><td colspan="2">国民年金</td></tr>
<tr><td colspan="2">厚生年金保険</td></tr>
<tr><td rowspan="6">私的年金</td><td rowspan="3">企業年金</td><td>確定給付企業年金（DB）</td></tr>
<tr><td>企業型確定拠出年金（DC）</td></tr>
<tr><td>厚生年金基金</td></tr>
<tr><td rowspan="3">個人年金</td><td>個人型確定拠出年金</td></tr>
<tr><td>個人年金保険</td></tr>
<tr><td>財形年金</td></tr>
</table>

■確定給付企業年金（DB）と企業型確定拠出年金（DC）

確定給付企業年金（DB）と企業型確定拠出年金（DC）は、企業年金制度であり退職金制度です。一時金で受け取ると退職所得扱いになり、年金で受け取ると雑所得扱いになります。

初めて年金制度について勉強すると、公的年金制度と企業年金制度を混同する人がいますので注意が必要です。

確定給付企業年金（DB）は、企業が掛け金を拠出し、従業員に約束した給付金を確保するため企業が運用責任を負う企業年金制度で

図表18　確定給付企業年金と企業型確定拠出年金

	確定給付企業年金（DB）	企業型確定拠出年金（DC）
受け取る給付金	給付金（年金や退職金）の額が確定している	給付金は従業員が選んだ金融商品の運用成績によって変動する
掛金と運用	年金運用機関が運用し、予定された給付金に不足が生じた場合は、企業が補填する	企業が一定の掛金をかけ、従業員が運用先を決める。運用責任は従業員が負う
運用商品の変更	できない	できる
離転職時の年金資産	退職時に一時金の受取りや年金資産の移管ができる	60歳まで原則受取れないが、離転職時に年金資産の持ち運びができる

す。

また、企業型確定拠出年金（DC）は、企業が拠出した掛金とそれを従業員が運用した額との合計額をもとに、将来の給付額が決定する企業年金制度です（図表18参照）。

(4) 雇用保険の基礎知識

雇用保険とは、労働者の生活及び雇用の安定と就職の促進のために、失業した人や教育訓練を受ける人等に対して、給付金を支給する制度です。また、雇用保険は、失業の予防、雇用状態の是正及び雇用機会の増大、労働者の能力の開発及び向上その他労働者の福祉の増進等をはかるための事業も担っています。

①雇用保険の仕組み

労働者を雇用する事業は、原則として雇用保険が強制的に適用され、雇用保険料を払い、労働者の失業等に備えることになっています。

■雇用保険の制度体系

事業主は従業員給与の0.95%（＊１）の雇用保険料を、従業員は自身の給与の0.6%（＊１）の雇用保険料を毎月払って失業や教育訓練や育児介護休業給付などに備えています。このようにして労働者が万が一失業しても生活が困窮しないようになっています（図表19参照）。

（＊１）いずれも令和５年度。一般の事業の場合。

図表19　雇用保険制度体系（厚生労働省の資料から抜粋）

<table>
<tr><td rowspan="6">失業等給付</td><td rowspan="3">求職者給付</td><td rowspan="2">一般被保険者に対する求職者給付</td><td>基本手当</td></tr>
<tr><td>傷病手当</td></tr>
<tr><td>高年齢被保険者に対する求職者給付</td><td>高年齢求職者給付金</td></tr>
<tr><td>教育訓練給付</td><td colspan="2">教育訓練給付金</td></tr>
<tr><td rowspan="2">雇用継続給付</td><td colspan="2">高年齢雇用継続給付</td></tr>
<tr><td colspan="2">介護休業給付</td></tr>
<tr><td colspan="2">育児休業給付</td><td colspan="2">育児休業給付金</td></tr>
<tr><td rowspan="2">雇用保険二事業</td><td colspan="3">雇用安定事業：事業主に対する助成金、中高年や若者や子育て女性に対する就労支援など</td></tr>
<tr><td colspan="3">能力開発事業：在職者や離職者に対する訓練、ジョブ・カード制度の構築など</td></tr>
</table>

②基本手当（失業給付）

一般被保険者が65歳未満で離職した場合、次の２つの要件を満たせば基本手当（失業給付）を受給することができます。

ｉ）就職しようとする積極的な意思があり、いつでも就職できる能力（健康状態や家庭環境）があるにもかかわらず、職業に就くことができない状態にあること

ⅱ）離職の日以前２年間に、被保険者期間が通算して原則12ヵ月以上あること

定年退職といえども、この2つの要件を満たしていれば基本手当を受給することができますが、「やっと定年になったからもう働くつもりはない」という人には支給されません。つまり「就職しようとする積極的な意思」がないと受給できません。

■基本手当の額

ハローワークから支給される基本手当の日額は、離職する直前の6カ月間の賃金日額に給付率を乗ずることにより計算されます。

例えば、離職する直前の6カ月間の賃金の平均が420,000円（＊1）とすると、賃金日額は14,000円になります（420,000円×6月÷180日＝14,000円）。

賃金日額が14,000円の場合、図表20から給付率は45％になるので、

基本手当日額＝14,000円×45％＝6,300円

になります。

（＊1）離職する直前の6カ月間の賃金の平均を計算する場合、残業代や住宅手当、家族手当などは含めますが、ボーナスは含みません。

この基本手当日額（6,300円）を28日に1回ハローワークに行って28日分受け取り、所定給付日数150日分受け取って基本手当の受給は終わります。

所定給付日数は、図表21に示しています。

20年以上勤めた人の所定給付日数は150日なので、

基本手当日額（6,300円）×所定給付日数（150日）＝945,000円

ということで、基本手当の受給総額は、945,000円になります。

図表20　基本手当の給付率（令和4年8月～令和5年7月）

離職日において60歳以上65歳未満の場合	
賃金日額（＊1）	基本手当日額
2,657円以上5,030円未満	賃金日額の80％
5,030円以上11,120円以下	80～45％
11,120円超15,950円以下	45％
15,950円超	7,177円（上限）

（＊1）表中の金額は毎年8月1日に更新されます。

図表21　定年などで離職した人の所定給付日数

	被保険者であった期間				
全年齢	1年未満	1年以上 5年未満	5年以上 10年未満	10年以上 20年未満	20年以上
	−	90日		120日	150日

③高年齢求職者給付金

高年齢被保険者（65歳以上の被保険者）が失業した場合、次の2つの要件を満たすと高年齢求職者給付金を受給することができます。

ⅰ）就職しようとする積極的な意思があり、いつでも就職できる能力（健康状態や家庭環境）があるにもかかわらず、職業に就くことができない状態にあること

ⅱ）離職の日以前1年間に、被保険者期間が通算して原則6ヵ月以上あること

■高年齢求職者給付金の額

高年齢求職者給付金は、被保険者であった期間に応じて決定される給付日数に基本手当日額相当額を乗じた額です。前述の基本手当と異なり、28日ごとにハローワークに通うことなく一時金で受取ります（図表22参照）。

例えば、基本手当日額相当額が6,300円で１年以上の勤務期間があれば、高年齢求職者給付金の額は315,000円になります。(6,300円×50日分)

図表22　高年齢求職者給付金の給付日数

被保険者であった期間	１年未満	１年以上
給付日数	30日分	50日分

60歳から再雇用で働き続け64歳までに離職すれば基本手当を150日分受給できる場合でも、65歳を超えて働き続けると50日分の受給日数になります。

受給額を多くしたい場合は、65歳前に退職することが必要ですが、職場の上司は65歳以後も働いてほしいと期待しているかもしれません。十分話し合ったうえで退職時期を決めていただきたいと思います。

④介護休業給付

家族の介護のために離職してしまう勤労者が年間10万人前後にもなると言われています。介護のために離職してしまうと職場も困りますし、従業員も勤労収入がなくなり将来の年金額も減ってしまいます。国は、介護と仕事を両立させるために「介護保険」や「介護休業」「介護休暇」などの制度を整えていますので、できる限り介護離職は控えたいものです。

介護離職防止策のひとつである「介護休業」を取得した人に対し、雇用保険制度から介護休業給付を支給する制度があります。企業は、介護が必要な従業員に対し介護休業を最長93日間与えなければなりません。介護休業期間中、原則無給であれば、ハローワークから介護休業給付が支給されます。

■介護休業給付の額

介護休業給付の額は、下記の計算式で計算されます。

介護休業給付＝休業開始時賃金日額（＊１）×支給日数×67%

支給期間において事業主から賃金が支払われた場合は、減額調整が行われます。

（＊１）休業開始時賃金日額は、原則として、介護休業開始前６ヵ月間の総支給額（残業代や住宅手当、家族手当などは含めますが、ボーナスは含まれません）を180で除した額です。例えば、休業開始時賃金日額が１万円で、支給日数が93日の場合、介護休業給付の額は623,100円（１万円×93日×67%）になります。

(5) 公的医療保険の基礎知識

日本は、「国民皆保険制度」をとっているので、生まれてから亡くなるまで公的医療保険に必ず加入する必要があります。会社を退職した後も公的医療保険に加入することが義務付けられています。

①退職後の公的医療保険

リタイア後の公的医療保険の選択肢は、主には図表23に示す３つです。３つの選択肢から１つを選ぶ際、多くの方々はたいへん迷います。

「家族の被扶養者」になれれば保険料負担がないので、一番よいのですが、収入要件などに合う人は少なく、選択肢からはずれるケースが少なくありません。また子どもの扶養に入ることには、抵抗感をもつ人もあります。

「任意継続被保険者」と「国民健康保険」で迷う場合は、勤めていた会社の被用者保険（協会けんぽや健康保険組合）または市区町村役場の担当者に保険料がいくらになるかなど、ざっくばらんに相談すれば決断しやすくなります。退職前におおむね高収入だった人は、退職

図表23　リタイア後の公的医療保険の選択肢

	任意継続被保険者	国民健康保険	家族の被扶養者
略称	にんけい	こくほ	−
加入要件	在職時に加入していた被用者保険に２年間継続加入することができる。退職した前日までに被保険者期間が継続して２カ月以上あることが必要	日本国内に住所を有し、他の公的医療保険に加入していないこと	60歳以上の場合は年収180万円未満であれば、家族が加入する被用者保険の被扶養者になることができる（60歳未満の場合は年収130万円未満）
加入手続き	退職後20日以内	退職後14日以内	退職後５日以内
保険料	退職時の標準報酬月額または30万円（＊２）×9.51％～11.00％（＊３）で計算した低い額	「所得割」や「均等割」、「平等割」、「資産割」により計算（＊４）	負担なし
医療費の自己負担	３割（70歳～74歳では、２割または３割）	３割（70歳～74歳では、２割または３割）	３割（70歳～74歳では、２割または３割）
特徴	被扶養者の保険料負担なし。付加給付がある健保組合がある（＊５）	保険料の軽減や免除制度がある。被扶養者という概念がない	保険料負担がない

（＊１）「被用者保険」とは協会けんぽや健康保険組合など勤労者が加入する公的医療保険。

（＊２）「30万円」は、令和５年度の場合

（＊３）9.51％～11.00％は、協会けんぽの料率であり、地域によって異なる。

（＊４）「所得割」は、前年の世帯の所得により計算される。「均等割」は、家族の人数により計算される。「平等割」は、世帯ごと計算される。「資産割」は、所有する不動産により計算される。市区町村によって計算方法は異なる。

（＊５）「付加給付」とは、被保険者や被扶養者の医療費の自己負担限度額が月２万円～３万円になる制度。

図表24　公的医療保険からの主な給付（協会けんぽや健康保険組合）

		被保険者	被扶養者
病気やけが		療養の給付	家族療養費
		入院時食事療養費	
		保険外併用療養費	
		訪問看護療養費	家族訪問看護療養費
病気やけが	立て替え払い	療養費	家族療養費
	自己負担が高額	高額療養費	高額療養費
	療養のために休む	傷病手当金	−
出産		出産育児一時金	家族出産育児一時金
		出産手当金	−
死亡		埋葬費	家族埋葬費

後１年目は任意継続被保険者、２年目以後は国民健康保険に加入すると保険料負担が軽くなります。退職前におおむね低収入だった人は、退職後１年目から国民健康保険に加入すると保険料負担が軽くなるケースが多いようです。

75歳になると「後期高齢者医療制度」に加入することになります。保険料は全国平均で月額6,472円（令和４～５年度）です。医療費負担は１割ですが、一定以上の所得がある人は２割、現役並みの所得がある人は３割です。公的年金を繰下げ受給したり、企業年金を受給して年金額が多くなった人は、公的医療保険の保険料が高くなったり、医療費の自己負担が高くなる場合があります。

②公的医療保険からの給付

公的医療保険に加入して保険料を支払っていると、病気やけがをした場合、さまざまな給付を受けることができます。図表24には、病気やけがをしたときに協会けんぽや健康保険組合から受けることができる主な給付を示しています。

▒公的医療保険からの給付額

例えば、病気で医療費が１万円かかった場合でも、自己負担割合が３割であれば、病院の窓口で支払う医療費は3,000円でよいということになります。つまり、「療養の給付」として7,000円が、協会けんぽや健康保険組合から給付されることになっています。

また、病気やけがで勤務先を休まなければならないとき、休業４日目から標準報酬月額の３分の２の額を「傷病手当金」として支給されます。傷病手当金が支給される期間は最長１年６ヵ月です。

例えば、標準報酬日額が12,000円の従業員が30日間休んだ場合、216,000円の傷病手当金が支給されることになります。

傷病手当金＝12,000円×２/３×（30日－３日）＝216,000円（３日は、待期期間）

③高額療養費

医療費の自己負担割合が３割といっても、その３割負担が多額になるケースもあります。そのような場合は、公的医療保険の「高額療養費」制度で負担を軽くしてもらえます。

高額療養費には、収入や年齢に応じて「自己負担限度額」が決められています。

70歳未満の自己負担限度額は、図表25に、70歳以上の自己負担限度額は、図表26に記載しておきましたので、参考にしてください。

(6) 公的介護保険の基礎知識

公的介護保険は、高齢者の介護を社会全体で支え合う仕組みとして、2000年（平成12年）に施行されました。次の３つを基本理念としています。

図表25　高額療養費の自己負担限度額（70歳未満）

適用区分		ひと月の上限額（世帯ごと）
ア	年収約1,160万円～ 健保：標報83万円以上 国保：旧ただし書き所得901万円超	252,600円＋(医療費－842,000)×１％
イ	年収約700万円～約1,160万円 健保：標報53万～79万円以上 国保：旧ただし書き所得600万～901万円超	167,400円＋(医療費－558,000)×１％
ウ	年収約370万円～約770万円 健保：標報28万～50万円以上 国保：旧ただし書き所得210万～600万円超	80,100円＋(医療費－267,000)×１％
エ	～年収約370万円 健保：標報26万円以下 国保：旧ただし書き所得210万円以下	57,600円
オ	住民税非課税者	35,400円

図表26　高額療養費の自己負担限度額（70歳以上）

<table>
<tr><th colspan="2">適用区分</th><th>外来(個人ごと)</th><th>ひと月の上限額（世帯ごと）</th></tr>
<tr><td rowspan="3">現役並み</td><td>年収約1,160万円～
標報83万円以上／
課税所得690万円以上</td><td colspan="2">252,600円＋(医療費－842,000)×１％</td></tr>
<tr><td>年収約770万円～約1,160万円
標報53万円以上／
課税所得380万円以上</td><td colspan="2">167,400円＋(医療費－558,000)×１％</td></tr>
<tr><td>年収約370万円～約770万円
標報28万円以上／
課税所得145万円以上</td><td colspan="2">80,100円＋(医療費－267,000)×１％</td></tr>
<tr><td>一般</td><td>年収約156万円～約370万円
標報26万円以下
課税所得145万円未満等</td><td>18,000円
〔年14万４千円〕</td><td>57,600円</td></tr>
<tr><td rowspan="2">住民税非課税等</td><td>Ⅱ住民税非課税世帯</td><td rowspan="2">8,000円</td><td>24,600円</td></tr>
<tr><td>Ⅰ住民税非課税世帯
(年金収入80万円以下など)</td><td>15,000円</td></tr>
</table>

図表27　公的介護保険の仕組み

	第１号被保険者	第２号被保険者
対象者	65歳以上の人	40歳から65歳までの公的医療保険加入者
保険料の徴収	市区町村が原則年金から天引きする	協会けんぽや健康保険組合が給料から天引きする
保険料の額	6,014円 （2021～2023年全国平均）	標準報酬月額の1.82％（労使折半） （2023年度協会けんぽ）
受給要件	・要介護状態（寝たきり、認知症等で介護が必要な状態） ・要支援状態（日常生活に支援が必要な状態）	要介護、要支援状態が、末期がん・関節リウマチ等の加齢に起因する疾病（特定疾病）による場合に限定
要介護（要支援）認定者数と被保険者に占める割合	645万人（18.3％）	13万人（0.3％）

（厚生労働省老健局「介護保険制度の概要」をもとに筆者作成）

ⅰ）自立支援…単に介護を要する高齢者の身の回りの世話をするということを超えて、高齢者の自立を支援することを理念とする。
ⅱ）利用者本位…利用者の選択により、多様な主体から保健医療サービス、福祉サービスを総合的に受けられる制度
ⅲ）社会保険方式…給付と負担の関係が明確な社会保険方式を採用

①公的介護保険の仕組み

公的介護保険の仕組みは、図表27のようになっています。介護サービスにかかる費用は、税金で半分、保険料で半分負担しています。

第１号被保険者の介護保険料は、市区町村によって異なります。介護サービスを利用する高齢者が多い市区町村の介護保険料は必然的に高くなります。2000年発足当時の第１号被保険者の介護保険料は、全国平均で月額2,911円でしたが、2022年は、月額6,014円と約20年間で

図表28　介護サービスの利用限度額

	身体の状態の目安	利用限度額
要支援1	日常生活を送る能力は基本的にあるが、歩行などが不安定。浴槽の出入りなどに一部介護が必要。	50,320円／月
要支援2		105,310円／月
要介護1	立ち上がる時や歩行が不安定。 排せつや入浴などに一部または全介助が必要。	167,650円／月
要介護2	一人で立ち上がったり歩けないことが多い。 排せつや入浴などに一部または全介助が必要。	197,050円／月
要介護3	一人で立ち上がったり歩いたりできない。 排せつや入浴、着替えなどに全介助が必要。	270,480円／月
要介護4	日常生活を送る能力がかなり低下。 入浴や着替え全介助、食事の時の一部介助が必要。	309,380円／月
要介護5	生活全般にわたって全面的な介助が必要。 意思の伝達がほとんどできない場合が多い。	362,170円／月

2倍以上に増えています。2000年発足当時の第2号被保険者（協会けんぽ）の介護保険料率は、0.6％でしたが、2023年度は、1.82％と約20年間で3倍以上に増えています。また介護保険給付も、2000年当時の3.6兆円から、2022年には11.0兆円に増えています。

今後は高齢者が増え続けるので、保険料も保険給付も増え続けることが予想されます。

②在宅介護サービス

認知症や身体の支障が出て介護サービスを受けたい場合、市区町村役場や地域包括支援センターに申請し、介護認定を受ける必要があります。

■介護サービスの利用限度額

要支援1～2、要介護1～5の介護認定を受けると、図表28のように介護度に応じて介護サービスの利用限度額が決められています。

例えば、要介護1に認定されると、月167,650円までの介護サービスについて原則1割負担の16,765円で受けることができるということになります。「原則1割負担」は、介護サービスを受ける人の年収などによって2割～3割になる場合もあります。

■在宅で受ける介護サービス

在宅で受ける介護サービスには、図表29で示すようなサービスがあります。

これらの介護サービスには、それぞれ要介護度と時間に応じて所定単位数が決められており、ひと月でどのくらいの介護サービスを受けたかによって所定単位数を合計し、それに1単位あたりの単価を乗じることにより介護サービス費が計算されます。

例えば、訪問介護により身体介護を受けた時間が30分以上1時間未満の場合であれば、394単位になるので、単価が10円であれば、介護サービス費は、3,940円になります。

ひと月あたりに受けた介護サービスの合計単位数が10,000単位であり、その居住地における単価が10円であれば、介護サービス費用は100,000円になります。負担割合が1割であれば、10,000円になります。利用者が負担する費用はひと月10,000円ということになります。

100,000円×1割＝10,000円

③施設介護サービス

在宅で受ける介護サービスには、ひとつひとつ所定単位数が決められていますが、施設で受ける介護サービスは、パック料金になっています。社員食堂をイメージすると、在宅で受ける介護サービスはカフェテリア方式、施設で受ける介護サービスは定食方式と言えます。お盆に1品1品好きな料理をとっていくのが在宅サービス、お盆ごと決まった料理が並んでいるのが施設サービスというイメージです。

図表29　在宅で受ける介護サービス

家庭を訪問するサービス
・ホームヘルパーの訪問〔訪問介護〕 ・看護師などの訪問〔訪問看護〕 ・リハビリの専門職の訪問〔訪問リハビリテーション〕 ・入浴チームの訪問〔訪問入浴介護〕 ・医師、歯科医師、薬剤師、栄養士、歯科衛生士による指導
日帰りで通うサービス
・日帰り介護施設（デイサービスセンター）などへの通所 ・老人保健施設などへの通所（デイケア）
施設への短期入所サービス
・特別養護老人ホームや老人保健施設などへの短期入所（ショートステイ）
福祉用具の貸与・購入や住宅の回収
・福祉用具（車いす、特殊寝台など）の貸与 ・福祉用具（腰かけ便座、入浴用いすなど）の購入費の支給 ・住宅改修費（手すりの取り付けや段差の解消など）の支給

例えば、要介護３で特別養護老人ホームに入居する場合、介護福祉施設サービス費は月額255,000円になりますが、負担割合が１割であれば25,500円の負担になります。居住費や食費は全額自己負担で120,000円かかるとすると、ひと月あたりの介護費用は、145,500円になります。

■施設で受ける介護サービス

施設で受ける介護サービスは、図表30のとおりです。

④介護の費用

生命保険文化センターの調査では、介護に要した費用（公的介護保険サービスの自己負担費用を含む）のうち、月々の費用をみると、１カ月当たり平均で8.3万円になっています。一方、介護に要した期間は、同調査では、平均61.1ヵ月（５年１カ月）でした（生命保険文化

図表30　施設で受ける介護サービス

介護保険適用施設	特別養護老人ホーム（特養）	要介護３以上で、自宅での生活が困難な高齢者に介護、機能訓練、療養上の世話を行う施設
	介護老人保健施設（老健）	要介護１以上の高齢者を対象に看護や介護、リハビリを中心とした医療ケアと生活サービスを提供する施設
	介護医療院	慢性の病気や認知症のため長期の療養や介護を必要とする高齢者のための医療機関。
サービス付き高齢者向け住宅（サ高住）		状況把握や生活相談サービスが提供される賃貸施設。介護サービスは原則、外部の事業者と別に契約を結ぶ
有料老人ホーム	有料老人ホーム（介護付）	介護を必要とする高齢者が介護や生活支援を受けて居住する施設
	有料老人ホーム（住宅型）	食事等の生活支援サービスが付いた高齢者施設。介護が必要になったら訪問介護などの在宅サービス事業所と契約する必要がある。
その他	ケアハウス	生活コストを抑えながら、高齢者に配慮した住宅で暮らすことが可能な施設
	グループホーム	認知症の高齢者に特化した小規模の介護施設。利用者の能力に応じて自立した日常生活を営むことができる

センター「平成30年度生命保険に関する実態調査」）。ひと月あたりの介護費用が、8.3万円で、介護期間が61.1ヵ月ということは、合計507.1万円ということになります。

介護を在宅で受けるのか、施設で受けるのかによっても費用は大きく変わりますし、要介護度によっても大きく変わります。また介護期間は人によってバラバラです。介護が始まって１年未満で亡くなる人もいれば、10年以上介護状態が続く人もいます。

介護を受ける人の資産や年金額が多ければ家族に負担をかけることなく介護生活を送ることができますが、そうでなければ家族が大きな負担を負うことになります。

ライフプランを作るとき介護費用まで考える人は少ないと思いますが、家族に負担をかけることがないよう、介護費用まで考えてライフプランを作る必要があるかもしれません。

〔第３章　第１節〕澤木明：社会保険労務士

第2節

資産管理と運用

(1) 資産のポートフォリオ

ポートフォリオとは元々「書類を運ぶためのケース」を意味していますが、金融用語としてのポートフォリオは、現金、預貯金、株式、債券、不動産など保有している金融商品の一覧やその組み合わせを示しています。

定年後はどのような金融商品をどのような割合で所有していれば、人生100年時代と言われる長い人生を豊かに安心して暮らしていけるのか、考えてみましょう

①金融商品のリスクとリターン

預貯金、株式、債券、不動産などの金融商品には、それぞれリスクとリターンがあります。リスクとは、収益の振れ幅のことを言い、リターンとは、得られる収益のことを言います。それでは、金融商品のリスクとリターンの関係は、どのようになっているのでしょうか？図表1をご覧ください。

ハイリスク・ハイリターンの株式は、収益を得られる可能性は高いものの、その逆の可能性も高い金融資産です。ローリスク・ローリターンの預貯金は、収益を得られる可能性は低いものの、収益を大きく損なうことも少ない金融資産です。

図表１　金融資産のリスクとリターンの関係

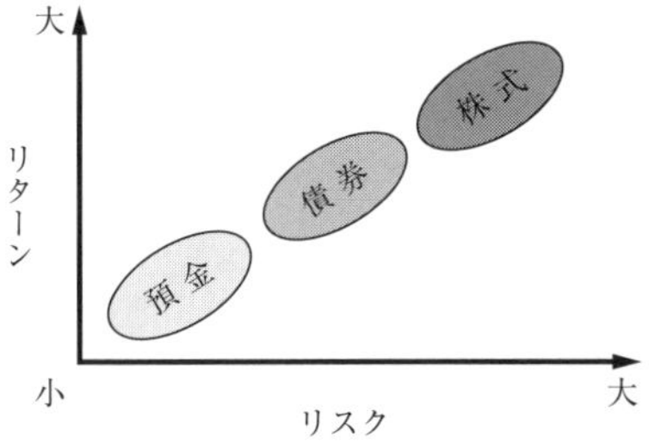

日本人は、ハイリスク・ハイリターンである株式などの保有比率は低く、ローリスク・ローリターンである預貯金などの保有比率は高いとされています。海外と比較したデータを図表２に示しましたので、参考にしてください。日本人は、投資に慎重すぎて資産が増えない要因になっています。

②流動性と安全性と収益性

金融商品のリスクとリターンの関係について前述のとおりですが、

図表２　金融資産保有比率の日米欧比較

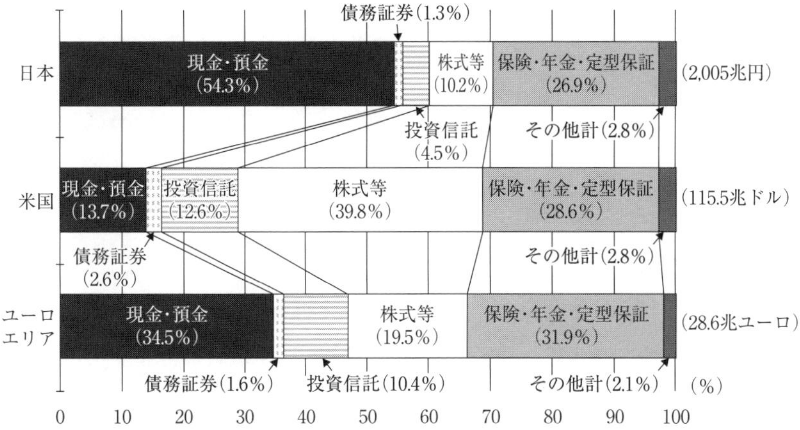

（日本銀行調査統計局「資金循環の日米欧比較」2022年８月31日）

図表3　流動性と安全性と収益性の関係

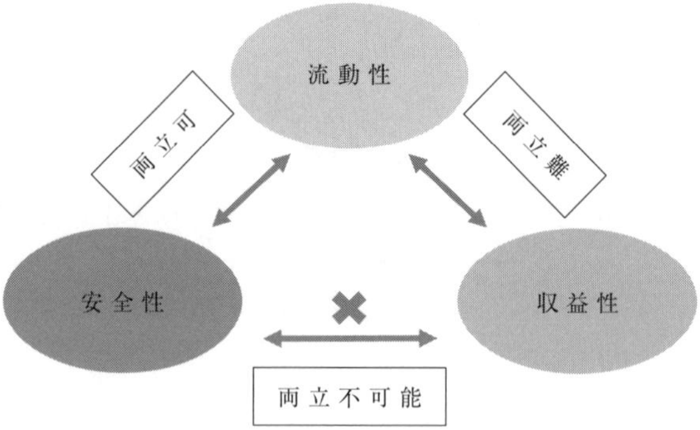

流動性、安全性、収益性の関係については次のとおりです。
・流動性とは、必要なときにお金がすぐ引き出せるかどうか
・安全性とは、元本が減らないか、予想外の損をしないかどうか
・収益性とは、どのくらい収益を得られるか
です（図表３参照）。

収益性のよい金融商品は、安全性はよくありません。株式などは高い収益を得られる可能性は高いものの、予想外の損失を受ける可能性もあります。預貯金などは元本が減る可能性はありませんが、高い収益を得られる可能性もありません。

つまり、安全性と収益性は両立不可能です。「収益性が高いし安全性も高い」という宣伝文句の金融商品はありえない、ということになります。

③老後資金の資産管理

定年までに貯めた資産と、退職金でまとまった資産ができると、これらを計画的に使ってセカンドライフを楽しみつつ、資産をうまく運用して人生100年時代を乗り切ることが大切です。そのためにはどのような資産管理をすればいいか、つまりポートフォリオについて考え

てみましょう。

まずは、②で解説した流動性と安全性と収益性を組み合わせて資産管理する一例を紹介します。図表4をご覧ください。

定年までに2,000万円の資産を作ることができたら、まず定額200万円は日常生活費などとして流動性商品で運用し、残りの20％は将来の趣味など夢の実現費用として収益性商品で運用します。運用がうまくいったら豪華海外旅行、うまくいかなかったら簡単な趣味を楽しむことにするのです。残り70％は、将来の生活資金にあてるので安全性商品で運用します。

これは一例ですから、自身のライフプランに合わせて検討してみてください。

図表4　老後資金の資産管理（ポートフォリオ）の一例

構成比	10％	20％	70％
金額	200万円	400万円	1,400万円
用途	日常生活費 子供の結婚費用	夢の実現費用 （趣味の費用など）	将来の生活資金
3分法	流動性商品	収益性商品	安全性商品
金融商品	普通預金・通常貯金・MMF・タンス預金など	株式・投資信託・ETF・REITなど	定期預金・定額貯金・個人向け国債・金など

なお、安全性商品70％は、「年代＋20％」で考えるとよいとされています。50代であれば70％ですが、60代になったら80％です。これに伴い収益性商品の割合は下げるようにします。老後資金を減らすリスクを減らすためです。

(2) 投資の３原則

日本では、デフレの状態が長く続いてきましたが、今後はインフレ状態になりお金の価値が下がる可能性もあります。インフレ状態の中で老後資金を低金利の預貯金に預けていただけでは、生活が困窮し定年後の夢も実現できなくなってしまいます。今まではまったく考えなくてもよかった投資について、これからどのように向き合えばいいか、について考えてみましょう。

①分散投資と長期投資とつみたて投資

リスクを減らす投資の基本は、分散投資と長期投資とつみたて投資です。これを投資の３原則と言っています。

ｉ）分散投資

リスクを減らす方法の一つ目は「分散投資」です。分散投資には、「a. 資産の分散」や「b. 地域の分散」などのほか、投資する時間（時期）をずらす「c, 時間の分散」という考え方があります（図表５）。

図表５　分散投資

a. 資産の分散	特性の異なる複数の資産（国内債券、国内株式、外国債券、外国株式、REIT、金など）に分散する方法。つまり「卵をひとつのかごに盛らない」ことによりリスクを抑えることができる。
b. 地域の分散	国によって金利や景気の変動、為替変動が異なるので、海外にも投資先を分散することにより、リスクを抑えることができる。
c. 時間の分散	ある時期に集中して投資するより、投資する時期を分散することにより、リスクを抑えることができる。時間分散の一つの方法として「ドルコスト平均法」がある（毎月一定額を投資信託などに投資する方法）。

ⅱ）長期投資

リスクを減らす方法の２つ目が「長期投資」です。長期投資とは、金融資産を数年単位の長い期間にわたって保有し続ける投資方法です。長期投資には、図表６に示すような効果があります。

図表６　長期投資の効果

a. 複利運用の効果が期待できる	得られた利息を再投資し、それを繰り返し長期間運用し続けることで最終的に大きな利益を手に入れることができる。
b. 投資コストを抑えることができる	投資商品を短期に売買しないと、売買にかかるコストや税金の負担が軽くなる。
c. 考える時間を抑えることができる	短期投資では日々の値上がり・値下がりに気を使うが、長期に保有し続けていればそのチェックの必要がない。

ⅲ）つみたて投資

リスクを減らす方法の３つ目が「つみたて投資」です。一定期間ごとある金額を積み立ててる方法です。

つみたて投資には、次の３つのメリットがあります。

ａ．少額から始められる

ｂ．購入タイミングに悩まない

ｃ．時間分散によりリスク軽減できる

特に一定期間ごと一定金額を投資することを「ドルコスト平均法」といいます。例えば、図表７のように投資信託などを毎月一定金額買い続けると、毎月一定株数買い続けるより平均買付単価が安くなるというメリットが生まれます。

②危険な投資

定年を迎える人が、定年後の生活を安定させるために退職金などを

図表7　ドルコスト平均法のメリット

	1月目	2月目	3月目	4月目	5月目	合計口数	平均買付単価
買付価格	600円	800円	700円	1,000円	900円		
毎月5口	5口	5口	5口	5口	5口	25口	800円
	3,000円	4,000円	3,500円	5,000円	4,500円	20,000円	
毎月40,00円	6.67口	5口	5.71口	4口	4.44口	25.82口	775円
	4,000円	4,000円	4,000円	4,000円	4,000円	20,000円	

元手に投資するケースがありますが、図表8には、慎重に考えてほしい投資を解説しておきました。

これらの金融商品に投資する場合は、リスクについてよく情報を収集したうえで投資してください。安易に投資すると、財産を大きく減らす可能性もあります。

③運用の楽しみ

老後資金を慣れない無謀な投資で確保しようとすると、かえって老後資金を大きく減らしてしまう可能性があります。60歳代であれば、資産の10%程度を投資に回して、「運用を楽しむ」程度のスタンスで臨んでもらうと安全かもしれません。

それでは、どのような投資が安全なのか、考えてみましょう。

ｉ）キャピタルゲインよりインカムゲインをねらう

金融商品で期待する利益には、キャピタルゲインとインカムゲインがあります。

・キャピタルゲインとは、株式などから得られる売却益です。
・インカムゲインとは、株式などから得られる配当金や預貯金などから得られる利息です。

株式などの売却益を得ようとすると、売り買いのタイミングがむず

図表８　慎重に考えてほしい投資

	どんな投資？	メリット・デメリットは？
FX	FXとは、「Foreign Exchange」の略で、日本では「外国為替証拠金取引」と呼ばれています。日本円やドル、ユーロ、ポンドなどの２つの通貨を選択し、一方を買って一方を売る取引きをします。通貨を売買するときの為替差益によって利益を得る取引です。	・メリット：証拠金を担保に少ない資金で大きな金額の取引を行うことができます。これをレバレッジと言っています。証拠金の最大25倍までの取引が可能です。
		・デメリット：為替変動やレバレッジの大きさによっては大きな損失が発生することもあります。
信用取引	信用取引とは、現金や株式を担保として証券会社に預けて、証券会社からお金を借りて株式を買ったり、それを売ったりする取引のことです。	・メリット：預けた担保の評価額の最大約3.3倍（レバレッジ）まで株式の取引ができます。
		・デメリット：株価の変動やレバレッジの大きさによっては大きな損失が発生することもあります。
不動産投資	不動産投資とは、賃貸マンションなどの不動産を購入し、家賃収入や売却益を得ることです。	・メリット：家賃収入により、老後資金を確保できます。金融機関からお金を借りることにより、自己資金の何倍もの価格の物件を購入することができます。物件にかかった費用が経費にでき節税できます。財産を現金で所有しておくよりも相続税が安くなることがあります。
		・デメリット：空室リスク、家賃滞納リスクがあります。設備故障・修繕リスク、災害・事故リスクがあります。換金性が低いです。借金返済の不安があります。

かしく、タイミングを誤ると大きな損失を被る可能性があります。最近は株式の売買でゲーム感覚で儲けて数億円の資産を保有する「億り人」という人もいるようですが、そのように投資で成功している人はごく稀でしょう。

逆に、株式をいったん購入したら短期間で売買せず長期に保有していると、配当金や株主優待を楽しむことができます。つまりキャピタルゲインをねらうのではなく、インカムゲインをねらうことにより、安定した収益を得ることができます。

ⅱ）株式の配当や株主優待をねらう

高配当利回りの株式を長期所有していると、毎年高い配当金を得ることができます。東京証券取引所プレミアム市場の平均配当利回りは、約2.3％です（2023年６月）。例えば、老後資産の10％である200万円で2.4％の配当利回りの株式を購入し保有していると、毎年46,000円の配当を得ることができます。10年保有していれば、合計460,000円の配当金を得ることになります（配当金に税金がかかりますので、手取りの配当金は減ります）。

仮に株価が24％下落しても損失は出ないことになります。

もう一つ、インカムゲインねらいの楽しみは、株主優待です。例えば、食品会社の株式を保有していると、その会社の食料品を株主優待で送ってもらえます。映画会社の株式を保有していると、その会社の映画の招待券を送ってもらえます。そのほか様々な株主優待があり、定年後の人生を大いに楽しむことができます。

ⅲ）自分に投資する

将来の金利や為替の変動に備えるために株式や債券に投資するのもよいと思いますが、最もよいのは、「自分に投資する」ことです。60歳以後も再雇用で働き続けることを計画している人が多いと思いますが、さらに65歳以後も勤労収入を得ることができれば、100年時代の長い人生、お金に困ることなく人生を楽しむことができると思います。仮に最低賃金に近い時給1,000円で1日6時間週3日働いた場合、月収72,000円、年収864,000円稼ぐことができます。

さらに50歳代で自分に投資して能力アップする手もあります、国家資格の取得やパソコンを勉強して能力を磨けば、高収入を得ることも期待できます。仮に週3日働いて300万円の年収を得ることができれば、老後資金に余裕ができますし、生きがいもうまれますし、仲間もでき孤独なることもありません。働いて規則正しい生活ができれば健康にもよいということになります。

(3) iDeCo と NISA

リスクを減らす投資の3原則は、分散投資と長期投資とつみたて投資ですが、それを最大限生かした制度が、iDeCo とつみたて NISA です。この2つの制度は、ドルコスト平均法の利点も生かせますので、老後資金つくりにはたいへん有効な手段と言えます。

①iDeCo のメリット・デメリット

iDeCo とは、「individual-type Defined Contribution pension plan」の略で、日本語では「個人型確定拠出年金」と言っています。iDeCo は、加入者が拠出限度額の範囲内で任意に掛金を設定し、加入者が運用方法を選ぶ制度です。原則20歳以上60歳未満の人（＊1）が個人で金融機関に申しこんで、毎月一定額を拠出し、運用した資産を老後資金として受け取るものです。iDeCo のメリット・デメリットは図表9のとおりです。

最大のメリットは、税制優遇です。

（＊1）国民年金の第2号被保険者および任意加入被保険者は65歳になるまで加入できます。

図表9　iDeCo のメリット・デメリット

メリット	・掛金時、運用時、給付時に節税メリットがある。 ・60歳まで引き出せない。 ・掛金対象は、投資信託、定期預金、保険商品など幅広い。 ・毎月5,000円から気楽に始められる（千円単位で年１回変更可能）。 ・投資信託でも購入手数料がかからないものが多い。 ・投資信託でも信託報酬が安いものが多い。
デメリット	・口座開設・維持に、それぞれ手数料がかかる。 ・中途脱退の条件が厳しい。 ・元本割れの可能性がある。 ・専業主婦など所得の少ない人は節税メリットを生かせない。

②つみたて NISA のメリット・デメリット

NISA とは、「Nippon individual Saving Account」の略で、日本語では「少額投資非課税制度」と言っています。個人で開設した NISA 口座では、株式や投資信託の売買から生じる譲渡所得と配当所得が非課税になる制度です。

一般 NISA とつみたて NISA がありますが、一般 NISA は、2023年12月末で廃止の予定です。つみたて NISA では、毎年40万円、最長20年間合計800万円つみたてが可能です（＊１）。つみたて NISA のメリット・デメリットは図表10のとおりです。

最大のメリットは、税制優遇と利用年齢の上限がないことです。

（＊１）2024年度からは、年間投資枠が「40万円→120万円」に拡大します。改定後はつみたてと成長投資枠の併用が可能になるため、合計で360万円まで投資可能になります。

なお、つみたて NISA は、今後の法改正により制度内容が大きく変わる可能性がありますので、注意してください。

図表10　つみたてNISAのメリット・デメリット

メリット	・金融庁の厳しい基準をクリアした投資信託やETFが投資対象。 ・売却益（譲渡益）や分配金の運用益が非課税 ・口座開設・維持に手数料がかからない。 ・対象年齢は20歳以上。上限なし（60歳以上でも可）。 ・いつでも引き出せる（住宅取得資金、教育資金、旅行費用などに使える）。
デメリット	・金融庁が指定した投資信託やETFからしか選べない。 上場株式やREIT（不動産投資信託）は選べない。 ・元本割れの可能性がある。 ・損益通算・繰越控除できない。

(4) 定年後の節約

老後資金を確保するためには、

・節約する

・運用で増やす

・勤労収入を得る

の３つが考えられます。

ここまでは、運用で増やすことについて考えてきましたので、今度は節約することについて考えていきましょう。

節約というと、食費や通信費やレジャーを節約することを検討する人が多いと思いますが、これらを過度に節約すると、世の中の景気まで冷え込ませてしまいます。しかし、水道光熱費を節約すれば景気を冷え込ますことにもならないし、地球環境保護にもプラスに働きます。

もうひとつ、保険を見直すことによって大きな節約効果を得られます。そこで、生命保険とがん保険について、節約のポイントを知っておきましょう。

①生命保険の見直しポイント

生命保険は、一家の働き手が亡くなったときに、残された家族の生活が困窮するのを防ぐために加入するものです。したがって、生計維持されている家族がいなければ加入の必要はありません。子どもたちが大きくなり経済的に独立すれば、生命保険は不要になります。配偶者が遺族となる場合でも、公的年金制度から遺族年金が支給されるので、多額の生命保険金は必要ありません。

一家の働き手である夫が亡くなったときにどのくらいの遺族年金が支給されることになるのか、について解説します。

厚生年金保険加入中の夫が亡くなった場合、あるいは25年以上厚生年金保険に加入していた夫が退職後亡くなった場合、遺族となった妻に遺族厚生年金が支給されます。また18歳未満の子どもがいる場合、遺族基礎年金も支給されます。老齢厚生年金を年額120万円もらえる夫が亡くなった場合に支給される遺族年金の額は、おおむね図表11のようになります。

図表11　遺族年金の額（妻が受給する場合）

	子どもが18歳年度末まで	妻が65歳まで	妻が亡くなるまで
遺族基礎年金	約80万円		
子の加算	約23万円		
遺族厚生年金	約90万円	約90万円	約90万円
中高齢寡婦加算		約60万円	
老齢基礎年金			約80万円
合計	約193万円	約150万円	約170万円

例えば、子どもがすべて成人した後、妻55歳で夫が亡くなったと想定すると、妻は65歳になるまで10年間にわたり遺族給付として年額約150万円支給されることが想定されます。妻65歳以後は、遺族給付と

妻自身の老齢給付とあわせて年額約170万円が支給されることが想定されます。

夫に先立たれた妻の生活費が年額240万円、死亡退職金1,500万円、預貯金1,000万円、妻の生活費20万円（月額）と仮定すると、妻95歳までに不足する生活費は、図表12のように500万円になります。これを生命保険で補おうとすると、生命保険の保険金は1,000万円で十分ということになります。

そうすると、今までかけていた生命保険は過剰かもしれませんので、思い切って見直すことにより、保険料が安くなり大幅な節約につながる可能性があります。生命保険にかけていた保険料を毎月２万円節約できれば、これを老後資金として役立てることができます。

図表12　生命保険の必要保障額の計算例

(a) 今までの貯蓄とこれからの収入（妻55歳～95歳）
　・妻の遺族給付等：150万円×10年＋170万円×30年＝6,600万円
　・夫の死亡退職金：1,500万円
　・夫死亡時の預貯金：1,000万円
○合計：9,100万円
(b) 妻の生活費（妻55歳～95歳）
　・20万円×12月×40年＝9,600万円
(c) 生命保険の必要保障額（妻の生活費の不足額）
　b—a＝500万円

②がん保険の見直しポイント

病気やけがの治療のため医療機関を受診したとき、公的医療保険から療養の給付として７割が現物給付され、残り３割が自己負担になります。この自己負担が高額になるときは、公的医療保険の「高額療養費」が適用され、医療費負担が大幅に軽減されます。

例えば、年収370万円～770万円の人が、がんの治療を受け、100万円の医療費がかかった場合、自己負担はひと月につき87,430円で済ん

でしまいます。３割の自己負担30万円ではありません。

80,100円＋（1,000,000円－267,000円）×１％＝87,430円（103頁参照）

多くの方々が、がんになることを心配して、がん保険に加入していると思いますが、100万円の医療費がかかっても、自己負担が９万円弱で済んでしまうのであれば、民間のがん保険に加入していなくてもよいことになります。生命保険と同様、がん保険も見直すことにより、保険料を大幅に軽減することができます。病気になることを心配して、がん保険に加入することより、生活習慣を見直して健康的な毎日を送り、病気を寄せつけないことに時間を使った方がよほど安心して暮らすことができます。

心配を解消するために過剰な保険に入りすぎていると、「保険びんぼう」になります。保険を見直すことにより、保険料を節約し長生きのリスクに備えることを考えてみてはいかがでしょうか。

〔第３章　第２節〕澤木明：社会保険労務士

第3節

日常生活と税金の知識

私たちの生活にはつねに税金がついて回ります。企業に勤めていれば、企業で年末調整をしますが、それと合わせて、不動産の譲渡などの別の収入が発生した場合、医療費の支払や寄附をした場合などは確定申告を自ら行わなければなりません。また、家族が亡くなった場合、家族へ財産の移転を行った場合なども、その都度、税金の申告をしなければなりません。税金の種類や納税とその控除の仕方について、その都度必要に応じて調べようとするより、普段からあらかじめ税の基本的な仕組みを知っておくことが、いざというときに慌てないようにするための秘訣です。

さて、私たちの生活の中で関係する税金の種類は、個人の所得税、住民税、相続税、贈与税があります。

以下、納税の仕組みについて、毎年納める税金と、特別な場合に納める税金とに分けてみていきます。

(1) 毎年のこと－給与所得、公的年金等の収入と配当所得

もっとも身近なものが個人の所得税でしょう。所得の発生の仕方に応じて以下のように、10種類に分けられています。

①利子所得、②配当所得、③不動産所得、④事業所得、⑤給与所得、

⑥退職所得、⑦山林所得、⑧譲渡所得、⑨一時所得、⑩雑所得

所得税の計算方法の基本は、「１年間の収入金額－必要経費＝所得金額」です。税金の計算期間の１年間とは、１月１日から12月31日までを言い、この１年間の税金の精算を、原則として翌年の２月16日から３月15日までの間に、居住地の税務署に申告します。

会社などに勤務しているサラリーマンは、勤務先が個人の確定申告に代わる年末調整を行い、１年間の税金の精算（⑤給与所得）を行いますので、一か所から給与を受けていて、退職所得以外の所得金額が20万円以下である人は、確定申告をしなくてもよいことになっています。また、公的年金等の所得（⑩雑所得）のみの人で、公的年金等の収入が400万円以下であり、公的年金等の全部が源泉徴収の対象となっており、その年の公的年金等にかかる雑所得以外の所得金額が20万円以下であれば、確定申告の必要はありません。

ところが、給与所得や年金所得のみの人でも、確定申告をすることで適用される控除があります。該当する控除がある場合は、確定申告することによって支払った税が還付されます。これを「還付申告」といいます。

その他に、株式の運用等（②配当所得、⑧譲渡所得）を行っている人で、特定口座の源泉ありを選択していても、配当金の源泉税率より所得税率が低かった場合、株式譲渡が損失になった場合等、確定申告をした方が有利になることがありますので、注意が必要です。

なお、預貯金公社債等の利子（①利子所得）は、原則として、利子等の収入金額から所得税等が源泉徴収され、支払われます。これにより納税が完結しますので確定申告をすることはできません。

確定申告をすることで適用される控除
（年末調整で適用される控除を除きます）
・医療費控除
・セルフメディケーション税制による医療費控除
・社会保険料控除（年金所得）
・小規模企業共済等掛金控除
・生命保険料控除（年金所得）
・地震保険料控除（年金所得）
・寄附金控除
・ふるさと納税
・雑損控除
・住宅ローン控除（給与所得は初回のみ確定申告をし、2回目以降は年末調整）
・政党等寄附金特別控除

(2) 特別なこと―譲渡税、相続税など

①譲渡をした場合（⑧譲渡所得）

資産を譲渡した場合は、税金の計算方法が定められており、これにしたがって、収入金額から必要経費を差し引いて計算します。

（ⅰ）土地・建物及び株式以外の資産を譲渡した場合

一定の計算のもと、他の所得と総合して納税者の所得に応じた所得税率を適用して税金の計算をします。

（ⅱ）土地・建物等を譲渡した場合

譲渡した土地・建物等を所有していた期間によって税率が大きく違います（次頁表を参照）。また、土地・建物等を譲渡した場合には、以下の特例がありますので、主要なものを挙げておきます。

・居住用財産を売却した場合の3,000万円の特別控除。
・被相続人の居住用財産（空き家）を売却した場合の3,000万円の特別控除。
・公共事業などのために土地・建物等を売却した場合の5,000万円の特別控除。

・低未利用土地等を売った場合の100万円の特別控除。

・収用により土地建物を売却した場合の5,000万円の特別控除。

譲渡所得の課税の方法

<table>
<tr><th colspan="3" rowspan="2">譲渡区分</th><th rowspan="2">一般の場合</th><th colspan="2">所有期間が10年超で居住用財産の3,000万円控除を受けた場合の軽減税率（所得金額は3,000万円控除後とする）</th></tr>
<tr><th>譲渡所得</th><th>税率</th></tr>
<tr><td rowspan="3">土地・建物を売却した年の1月1日現在で所有期間が</td><td rowspan="2">5年を超えるとき</td><td rowspan="2">長期譲渡所得</td><td rowspan="2">20.315%（所得税15.315%＋住民税5%）</td><td>6,000万円以下のとき</td><td>14.21%
（所得税10.21%＋住民税4%）</td></tr>
<tr><td>6,000万円を超えるとき</td><td>所得税：譲渡所得金額×15.315%－300万円
住民税：譲渡所得金額×5%－60万円</td></tr>
<tr><td>5年以下</td><td>短期譲渡所得</td><td colspan="3">39.63%（所得税30.63%＋住民税9%）</td></tr>
</table>

（注）国税庁ホームページをもとに著者作成

（iii）株式を譲渡した場合

証券会社に特定口座を源泉ありで開設し、その中で株式の売買を行っている場合には、原則として確定申告の必要はありません。

次のような場合には、確定申告をすることができます。

・2つ以上の特定口座を開設している場合に、どちらかで損失が発生し、他の利益が出ている特定口座と、損失を相殺したい場合は、確定申告をすることによって、2つの特定口座の損益を相殺することができます。

・また、損失が発生している特定口座がある場合には、確定申告をすることによって、損失を繰り越すことができます。

②退職した場合（⑥退職所得）

退職金を一時金として受け取る場合は、他の所得に比べ課税が優遇されています。

・退職所得は、他の所得と切り離して税金の計算を行う（分離課税）

・勤続年数に応じて、退職所得控除額がある

・退職所得控除をした金額の２分の１が、退職所得となる
（退職金－退職所得控除額）×１/２

退職時に勤務先に「退職所得の受給に関する申告書」を提出することにより、受け取る退職金から、所得税と住民税が源泉徴収され、通常課税関係は終了します。

③相続が発生した場合

相続とは、亡くなった人（被相続人）が所有していた財産及び一切の権利義務を引継ぐことです。引継ぐことができるのは、配偶者や子どもなど被相続人と一定の身分関係にある人（法定相続人）と、被相続人が生前遺言書等で財産を引継ぐことを指定した人（受遺者）です。

被相続人から法定相続人等に引継がれる財産を相続財産といい、不動産、預貯金等のプラスの財産と、借入金等のマイナスの財産があります。

被相続人が亡くなった日（相続開始日）から、10か月以内に相続税の申告をしなければなりません。

被相続人の遺言書がない場合は、相続人間で遺産分割協議を行わなければなりません。相続税には、配偶者の税額軽減や、被相続人が所有していた土地の所有形態に応じて、小規模宅地等の特例の優遇措置があります。

〈相続税の課税のしくみ〉

（ⅰ）被相続人の遺産総額から非課税財産（＊１）と債務・葬式費用を差し引いて、正味遺産額を算出します。

（ⅱ）正味遺産額から基礎控除額（＊２）を差引いて、課税遺産額を計算します。

（ⅲ）課税遺産額を法定相続人が、法定相続分通りに相続したものとして、各法定相続人の取得金額を算出します。

（ⅳ）各法定相続人の取得金額に、相続税率を乗じて相続税額を算出し合計します（相続税の総額）。

（ⅴ）実際に遺産を取得した人が、取得した割合に応じて相続税を負担します。

（＊１）非課税財産とは
・墓所、仏壇、祭具など
・国、地方公共団体、一定の公益法人に寄附した財産
・生命保険のうち次の金額まで　500万円×法定相続人の数
・死亡退職金のうち次の金額まで　500万円×法定相続人の数

（＊２）基礎控除とは
・3,000万円 +600万円×法定相続人の数

④財産を贈与された場合

贈与税は、贈与により財産を取得した人にかかる税金です。贈与税は、原則として金銭に見積もることができるすべてが対象となります。

しかし、贈与税が非課税になるものがありますので、以下に主要なものを挙げておきます。

・扶養義務者から生活費又は教育費として贈与されたもので、通常必要と認められるもの。
・個人から受ける香典、花輪代、年末年始の贈答、祝物または見舞いなどのための金品で、社会通念上相当と認められるもの。

・直系尊属から贈与を受けた住宅取得等資金のうち一定の要件を満たすものとして、贈与税の課税価格に算入されなかったもの。
・直系尊属から一括贈与を受けた教育資金のうち一定の要件を満たすものとして、贈与税の課税価格に算入されなかったもの。
・直系尊属から一括贈与を受けた結婚・子育て資金のうち一定の要件を満たすものとして、贈与税の課税価格に算入されなかったもの。
・相続や遺贈により財産を取得した人が、相続があった年に被相続人から贈与により取得した財産。

贈与税の速算表

特例贈与（特例税率）

基礎控除後の課税価格	税率	控除額
200万円以下	10%	−
400万円以下	15%	10万円
600万円以下	20%	30万円
1000万円以下	30%	90万円
1500万円以下	40%	190万円
3000万円以下	45%	265万円
4500万円以下	50%	415万円
4500万円超	55%	640万円

一般贈与（一般税率）

基礎控除後の課税価格	税率	控除額
200万円以下	10%	−
300万円以下	15%	10万円
400万円以下	20%	25万円
600万円以下	30%	65万円
1000万円以下	40%	125万円
1500万円以下	45%	175万円
3000万円以下	50%	250万円
3000万円超	55%	400万円

（資料出所：国税庁ホームページ）

贈与税の計算は、その年中に贈与を受けた財産の合計額から、基礎控除額（110万円）を控除して、贈与税率を乗じて算出します。なお、贈与税率は、特例贈与と、一般贈与に分かれて税率が定められています。特例贈与とは、直系尊属（祖父母、両親）から18歳以上の人（子や孫）への贈与をいい、一般贈与はとは特例贈与以外を言います。

私たちの生活にはつねに税金がついて回りますが、ここまでみてきたように、税金ごとにさまざまな課税の仕組みがあります。退職金を受け取る前に、財産を贈与する前に、税金ごとの優遇制度の有無や優遇の受け方などを知り、事前に慎重に検討しておくことで、節税をすることができるのです。

〔第３章　第３節〕小林ふじ子：税理士

第4節

これだけは知っておきたい法律

中高年齢者世代になると、相続問題に直面する機会が多くなります。

相続に関するトラブルは、紛争の当事者がまったくの他人でない場合がほとんどです。だからこそ、そのようなトラブルを防げるのであれば、極力避けたいものです。

そこでトラブルが生じないために、いまから考えておくこと、準備しておくことは何かについて説明します。

(1) 被相続人の立場において考えておくこと、準備しておくことについて

相続のトラブルを防ぐために一番有効な方法は遺言書の作成です。「遺言」があれば、その内容が優先されるため、余計な家族間のトラブルの発生を防ぐことができます。

遺言は、亡くなった方が死後のために残した言葉です。また、一般的に遺言には①自筆証書遺言、②秘密証書遺言、③公正証書遺言3種類があります。

①自筆証書遺言について

自筆証書遺言は、最も簡単に作成できる遺言です。遺言の全文、日

付および氏名を全て自分で手書きし、自分の好きな場所に保管します。遺言の存在自体を秘密にできるという長所はありますが、検証（遺言書の保存を確実にして後日の変造や隠匿を防ぐ一種の証拠保全手続です）が必要であることや、紛失・偽造・変造などの危険があり、遺言の内容が不明確等を理由により無効となる可能性が大きいという短所があります。なお、2020年７月10日から「自筆証書遺言保管制度」が始まりましたので、いままでの短所が一部解消され、今後注目される方法です。（参考 URL：自筆証書遺言書の保管制度（法務省公式サイト）https://www.moj.go.jp/MINJI/03_00051.html）

②秘密証書遺言について

秘密証書遺言とは、公証人役場で公証人と証人２人以上の前に封印した遺言書を提出して、遺言の存在を証明してもらう遺言です。証明してもらった後は、持ち帰って、自分で保管することになります。遺言の内容は自分で作成しますので、言わない限りは、立ち会った公証人や証人を含め誰にも知られることはないという長所はありますが、自筆証書遺言と同様、検証が必要です。

③公正証書遺言について

公正証書遺言とは、公証役場で公証人に作成してもらう遺言です。法律の専門家である公証人に、法律で定められた形式に従って作成してもらい、その後公証役場で保管されます。証人・公証人に遺言の内容まで知られてしまうことや公証役場に行かなければいけない等手続が面倒なところがありますが、公証人が作成しますので、なんらかの不備により遺言が無効になるということはほとんどありません。

自分の死後、自分の残した言葉を間違いなく伝え、確実に実現させたいのであれば、③公正証書遺言という方法がおすすめです。

(2) 相続人の立場において考えておくこと、準備しておくことについて

一方で、突然、親などから相続を受ける場合もあります。その際、亡くなられた方のプラスの財産を相続（受け継ぐ）する場合もあれば、マイナスの財産を相続（受け継ぐ）することもあります。

①プラスの財産を相続する場合（遺産分割協議）

プラスの財産を相続する場合、単に、資産が増えてうれしいとならず、悩みの種になることもあります。なぜなら、相続した財産をどのように分けるのか、相続人間で話し合う必要が（遺産分割協議）あるからです。例えば、相続財産に不動産が含まれている場合、その不動産は、複数名で共有することが難しいので、どのように分けるのか、誰が相続するのか、相続税を支払うための現金があるのかなど、相続人間で意見の衝突が生じるときがあります。

②マイナスの財産を相続する場合（相続放棄の検討）

マイナスの財産を相続した場合、思わぬところで、亡くなられた方の借金を負担することになります。借金を相続した場合、相続放棄を検討する必要があります。相続放棄をすると、亡くなった方の借金を負担する必要はなくなります。もっとも、相続放棄をするかどうかを決めるにあたっては、亡くなった方の資産状況をできるだけ調査する必要があります。そこで役に立つのが、３つの信用情報機関です。

亡くなった方の銀行や消費者金融、カード会社に対する借金は、株式会社日本信用情報機構（JICC）、株式会社シー・アイ・シー（CIC）、全国銀行個人信用情報センター（KSC）に問い合わせることにより調べることが可能です。そのほかに、通帳の取引明細、借用書、クレジットカード、ATMでの取引明細、請求書、車検証、保険

証の書類があれば、信用情報機関から得た情報と照らし合わせて確認する方法もあります。さらに、亡くなった後も郵便物は届きますので、請求書や督促状、催告書が届いていないか確認してください。

このように、亡くなられた方の借金がどのくらいあるのかを把握した上で、相続放棄をするかどうかを決めることです。ここで注意すべきことは、相続放棄は、相続を知ってから3か月以内に申立をするという期限があることです。3か月を過ぎれば基本的に相続放棄ができません。また、この期間中に、亡くなった方の財産を処分してしまうと相続放棄が出来ません。もし、調査に時間がかかる場合は、勝手に処分をせず、期間を延ばす申立をすることを忘れないようにしてください。

このように、亡くなった方の意思が分からない（遺言がない）と残された者にとっては、折角残された財産が紛争の火種となります。遺言は決して、死を意識したときに作成するものではありません。遺言は何度でも、いつでも書き直せますし、遺言作成者を拘束するものではありません。

家族間のトラブルを防止するために、元気なときにこそ、遺言作成をしておくことをおすすめします。

〔第3章　第4節〕長山萌：弁護士

終章

人生100年・生涯現役
時代に求められる行動力

(1) 効果的な時間管理への取り組み

①あらためて自分自身を見つめる

ここまで、変化し続ける現代社会の状況を確認し（本書序章）、有意義な生涯現役生活を送るための具体的な取り組みについて考えてきました（本書第１～３章）。

学校を卒業し、10年、20年、30年、40年と社会生活を送った人材は、人生のさまざまな課題に直面し、それらを乗り越えた体験者であり、社会生活を送るにあたっての知識、技術・技能、情報、知恵、ノウ・ハウを身につけた有能な人材です。しかし、人生100年時代の生活設計を考えるにあたっては、自分自身のキャリア、能力が現時点の社会、労働市場において“どう評価される水準にあるか”、長年にわたって身につけた知恵、習得した知識、技術・技能は変化し続けている今日の社会、労働市場においても通用するか否かを問い直す必要があります。

私たちには本を読み、知識を増やし、セミナー、研修に参加をして“何をすべきか”を学ぶ機会があります。しかし、学んだ、知っているという段階に留まっていたのでは目標・目的を達成することは期待出来ません。そこでこれまで歩んできた人生を振りかえり、あらためて本書の第１章から第３章までの各テーマを念頭において自分自身を見つめ、自身はいま何をすべきかを考え、学んできたこと、新たに学んだことを行動に移し、目標・目的を達成するために時間を有効に活用すること、実践することを日常生活に組み込むことが大切です。

②効果的な時間管理への取り組み

Time is money（時は金なり）とは、時間の大切さ、時間の使い方の大切さを表した金言です。

定年退職をした人たち、あるいはいろいろな理由で仕事を辞めた人たちの中には、格別やることがないからと毎日ブラブラしていたり、昼寝の時間もたっぷりとったり、終日近所の図書館で新聞、雑誌に眼を通して過ごしたりしている人もいるかもしれません。

しかし、私たちは1日24時間の持ち時間をどう使うか、考えていかなければならないでしょう。何か仕事をしているならば、職場で担当している仕事に精を出す時間があり、ボランティア活動をしているならば、そこで貴重な時間を活用しているでしょう。没頭できる趣味を持っている人もいれば、リカレント教育の場、機会を求めて大学、大学院、カルチャーセンターなどで学んでいる人たちもいるでしょう。また自治体等が地域の中高年齢者を対象にして運営する「○○市(町)100歳大学」等の講座に参加をし、いろいろと学びつつ、参加者とのあらたな関係を築いている人たちもいます。

仕事が忙しくて自己啓発をする時間がないと嘆いている人の多くは、たとえ時間があっても自己啓発に努力することなく日々過ごしている人だとも言われています。毎日忙しく仕事をし、仕事に精を出している人ほど時間を捻出して自己啓発努力をしているともいえそうです。私たちは時間を有効に活用して、人生100年・生涯現役時代の社会の一員として、いかにして社会との絆を保ち続けるかを考える必要があるのではないでしょうか。

私たちは人生の三大不安といわれる貧困、孤独、病気に打ち勝つエネルギーを保ち続けるために、持ち時間を有効に活用し、人生の目標に向けての計画的な生き方を実現するよう可能な範囲で努力することが大事であることを肝に銘じておきたいものです。

(2) 人と人とのつながりを大切にする

①あらためて目標を吟味してみる

学生時代は文武両道の生活の大切さが説かれますが、社会人として生活をしている世代にはワーク・ライフ・バランスのとれた生活スタイルの重要性が説かれます。これらはいずれも個々人が自身を見つめ、いかに生きるかという姿勢を明確に意識し、日々生活をする確固とした意志、努力が求められる生活の仕方といえます。

生活設計づくりに取り組むにあたっては、あらためて自身の人生哲学、日々の生活の仕方、直面している課題などを点検して、自身が描く人生目標、生活目標、考えているシナリオを吟味することが大事なステップになります。

②人と人とのつながりを大切にする

年齢を重ね、学生生活、職業生活、社会生活を重ねるにともない、さまざまな人と交流する機会があります。毎日生活をする地域社会、仕事の場には、民族、国籍、言語、宗教などの異なる人たちとの生活があり、出会いがあります。また私たちは幼少年期から多くの人たちとの出会いの場、機会を重ねてきましたが、当然のことではありますが歳月を重ねるにともない疎遠になる人がいます。一方で何時までも親しく交流を続ける親友がいます。

定年退職後に、あるいはある年齢に達するといままでの交流を断つという人がいますが、親しい人との交流を一方的に断つということは孤独に直面する一歩になってしまう恐れがあります。友人、知人、地域社会の人たちとの交流は、心身の健康を維持するための基本的な要件になることでしょう。

日常生活の場において、日々生涯生活計画を実現するために生活する姿勢、意志を維持し続けるならば、“生きがい”を感じる生活を送ることが出来るのではないでしょうか。

生涯生活計画を実践する、目標を達成する、自己実現に近づくといった過程は効力感を形成する過程でもあります。効力感を感じる、生きがいを感じる生活を送るためにも日々の時間、過ごし方は大事にしなければならないといえます。

(3) とにかく行動する

①あらためていま何をすべきかを明確にする

ここであらためて、いま取り組むべきステップを整理しておきましょう。

Step 1：これからの人生をどのように送りたいか（じっくりと考えてみる）

Step 2：自身が描く人生を送るために取り組んでおくべきことは何か（具体的にリストアップする）

Step 3：いま直面している人生の課題（life events）は何か（冷静に整理する）

Step 4：自身の長所・短所・性格は（具体的に整理する）

Step 5：自身のセールス・ポイントは何か（体験した仕事、取得している資格、特技などを具体的に整理する）

Step 6：仕事以外の時間の使い方は（どういう状況か整理する）

Step 7：趣味は何か

Step 8：心身ともに健康か

Step 9：何でも相談できる友人がいるか

Step10：いま早急に取り組まねばならないことがあるか。それは何か（具体的に整理する）

以上の各項目を整理し、取り組むべきことを明確にして行動に移すことが大切になります。章末に掲載している資料（1）「人生100年・現役生活を送るための準備—生活設計に取り組むための検討ポイント—」も利用して、整理してみましょう。

②目標達成に向けて行動する

あれこれと懸命に考え抜いて人生100年・生涯現役時代の生涯生活計画づくりに取り組み、努力の甲斐があって素晴らしいプランができあがったとしても、このプラン（生涯生活設計）は実践しなければ意味をなさない単なる青写真となってしまいます。我ながら素晴らしい生涯生活計画が描けたとただ計画をながめていても、日々の生活に描いたプランを活かすことはできません。

計画を作り、行動目標を立てたならば、とにかく目標の達成に向けて行動を起こすことが大事です。しかし、計画を実践する過程では予期しない出来事、障害に直面することもあります。この予期しない出来事、障害に直面した時に、努力して作り上げた計画をとりやめてしまうようなことのない積極的な意志、意欲、行動力が求められています。予期しなかった出来事、障害に直面したならば、時には何かを捨てる、優先順位をつける気持ち、意志決定が必要であり、右往左往することなく、沈思黙考、熟慮断行する心構え、意欲を維持し、行動することが大切です。

電話機など多くの発明をしたエジソン（Thomas A. Edison）は“成功とは結果ではかるべきではなく、それに費やした努力の総計ではかるべきである”という名言を遺していますが、私たちは懸命に考え抜いて作り上げた生涯生活計画を実現するために日々努力することが大切です。

(4) 充実した人生を送るための“前へ”“前へ”と前進する精神

①ライフ・ステージに対応した目標設定

20代、30代、40代、50代、60代、70代、80代とそれぞれの世代（ライフ・ステージ）によって、何をすべきかという目標は異なります。

また当然個々人によってライフ・イベントは異なり、課題は異なります。

例えば、20代後半から30代後半の世代であれば「自身の職業能力をいかに充実させるか」を考える時期であり、キャリア開発の重要な出発点に立っている時期となります。また個々人によって異なりますが結婚をし、家庭生活をスタートさせる世代でもあり、人生100年を念頭において短期・長期の生活設計に取り組むことが期待されます。

40代、50代、60代の世代は、自身の働き方を見つめ直してみることが必要な世代です。“いままで仕事一辺倒の生活を送ってきていないか”“いま現在の職業能力は労働市場でどう評価されるか”“健全な家庭生活をおくっているだろうか”“ワーク・ライフ・バランスのとれた生活を送っているだろうか”等々と自問自答して自身を見つめ直してみることが大事です。

私たちは現時点の年齢によって取り組むべき課題を明確にし、自身を見つめ直し、点検し、取り組むべき課題を明確にすることが期待されていています。

②職業生活引退後の生活について想像してみる

“あなたから仕事を取ったら何が残るか”といった質問があります。

この質問は仕事一筋で生活をしてきた30年、40年であればなかなか厳しい質問であると思われます。しかし、職業生活を引退したあとの生活を想像してみるとどうでしょうか。

特別することがない、趣味と言えるほどのものがない、あるいは時に友人と会い昔話をして時間を過ごす、時々旅行をする、といった生活かもしれません。

人生100年をもっと有意義に過ごすにはどうすればよいのか。いまここでじっくりと考えて生活設計づくりに取り組むことが期待されます。

③どのような生活を送るかをあらためて考える

日々の食生活、健康管理に注意をした生活を送っているならば一定程度に健康を維持できるとしても、心、精神面などの内的側面を維持するということはどうでしょうか。

生活設計づくりに取り組むにあたっては、人生100年をどのようにして有意義に過ごすかを考えることが重要です。あらためて再確認しておきましょう。

④生活設計の骨格を多面的に考える

生活設計の骨格は、まず心身ともに健康であるための健康管理（第２章）に配慮した生活を送ることが重要な前提条件になります。そして日々の生活が安定したものとなるには、健全な資産管理（第３章）が重要になります。この健全な心身の健康管理、資産管理を着実に実践するためには自身の貴重な資産であるキャリアの有効な活用・開発（第１章）が重要な課題になります。

生活設計づくりに取り組む年齢、キャリア、収入、家計、健康状態等々により、目標となる課題は異なりますが、明確になった目標を達成するための行動計画は多面的に考えることが大切です。そして、実践するための姿勢、気持ち、意欲を確認し、着実に行動することが人生100年・生涯現役生活を送るための前提になります。

⑤“前へ”“前へ”と歩む精神で取り組む

この世の中に若き日から充実した生き方を考え、計画を立てて、日々充実した生活を送ってきたと胸をはって言える人は、それほど多くはないかもしれません。今この時を人生の節目にして、人生100年時代の“生き方”を真剣に考え、積極的に生きるための生涯生活計画づくりに取り組んではどうでしょうか。

日々の生活の場で、家庭内に居場所を見いだせない生活では、孤独な生活を送らざるを得ない状態に陥ってしまう恐れがあります。たとえ仕事人間と言われようが、仕事に打ち込んでいる生活であれば、充実した生活を送っているともいえます。仕事、家庭、趣味とバランスの取れた生活を送ることは理想的な生活スタイルではありますが、全ての人がこのバランスの取れた理想的な生活スタイルを実現することは容易ではないでしょう。

いままでの生活スタイルをふり返り、反省することは大事な生活姿勢となりますが、ここで反省ばかりをしていても現状の改善にはならないことは言うまでもありません。私たちには常に現在立っている場において、いまこの時から明日に向かって歩を前へ進める生活姿勢を保つことが大事であることを確認し、人生100年・生涯現役時代の社会の一員としての充実した生涯生活計画づくりに取り組むことが期待されています。そして、作成した計画は充実した人生を送るために“前へ”“前へ”と歩を進めるための指針となることでしょう。

章末に、資料（2）「人生100年・生涯現役時代の生活設計に取り組むための自己点検—私の課題と目標—」を掲載しています。みなさんが自らの生活の設計図を描き、生涯生活計画を作る際に、ぜひ役立ててください。

資料（1）　人生100年・生涯現役生活を送るための準備
—生活設計づくりにとりくむための検討ポイント—

（1）学生時代（幼少年期）から今日まで学んだことをふり返る
・家庭・両親から学んだこと
・学校で学んだこと
・学校教育の場で指導を受けた先生、教授から学んだこと
・友人、先輩から学んだこと
・職場で学んだこと
・研究会などで学んだこと
・その他の場、交流した方々から学んだこと等々

（2）体験した仕事をふり返る
・体験した仕事の内容は
・そこで必要であった知識、技能、技術、資格などは
・その他特記事項

（3）日常生活を見つめる
・家族・家庭生活は（ライフ・ワーク・バランスなど）
・当面の課題は
・その他特記事項

（4）健康管理について見つめる
・日々実践していることは（ラジオ体操、ウオーキングなど）
・認識している健康上の課題
・その他特記事項

（5）資産管理を見つめる
・収入・支出・税金などは把握しているか
・貯蓄は
・ローンの返済は
・自己啓発のための資金は
・趣味・旅行などの費用は
・その他特記事項

（6）余暇・趣味など時間の使い方を見つめる
・日々どのように時間を使っているか
・趣味は何か
・趣味に使える経費は
・趣味仲間との交流は

・その他特記事項

（7）いま考えている関心事は

・

・

・

・

（8）これから取り組んでみたいこと

・大学・大学院などで学びなおしたい
・カルチャーセンターの講座に参加する
・ボランティア活動に参加したい
・趣味のサークルなどに参加したい
・
・
・
・

（9）人生100年・生涯現役時代を健康に送るために生活設計に明記したいこと

資料（2）　人生100年・生涯現役時代の生活設計に取り組むための自己点検
―私の課題と目標―

<table>
<tr><td>項目</td><td colspan="2">課題と取り組む目標</td></tr>
<tr><td rowspan="2">①　私の長所・短所</td><td colspan="2">長所</td></tr>
<tr><td colspan="2">短所</td></tr>
<tr><td>②　私の生活スタイル</td><td>課題</td><td>目標</td></tr>
<tr><td rowspan="2">③　私が取り組む課題
・目標</td><td colspan="2">職業生活上の課題・目標</td></tr>
<tr><td colspan="2">日常生活上の課題・目標</td></tr>
<tr><td colspan="3">④　人生100年・生涯現役時代に必要な能力
・社会的能力（social skill）
・職業能力（technical skill）
・人間関係力（humann skill）
＊必要な能力を考え、いま自身が判断して啓発努力すべき能力を明確にして啓発する目標とする</td></tr>
<tr><td colspan="3">⑤　キャリア開発・能力開発
・体験した仕事に関する能力（具体的にどのように能力向上に努めるか考える）
・能力開発に取り組むための課題・目標（具体的に課題・目標を決める）
・生涯現役時代に生活するためのキャリア開発・能力開発
・人生100年・生涯現役時代の一員として如何に生きるか</td></tr>
<tr><td colspan="3">⑥　健康管理
・いま認識している健康管理上の課題は
・健康体を維持するための日々の運動は
・ストレス・マネジメントのために取り組んでいることは
・食生活上の心がけていることは</td></tr>
<tr><td colspan="3">⑦　経済生活設計
・現在の生活水準を維持するための取り組みは
・将来のための貯蓄は
・年金について</td></tr>
<tr><td colspan="3">⑧　社会参加
・地域社会に参加するための姿勢は
・ボランティア活動に参加するための準備は</td></tr>
<tr><td colspan="3">⑨　充実した生活を送るための準備は
・趣味は
・学び直しは
・研究会・サークル等への参加は</td></tr>
<tr><td colspan="3">⑩　人生100年・生涯現役社会の一員として取り組みたいこと</td></tr>
</table>

〔終章〕梶原豊：高千穂大学名誉教授（人的資源管理論）

〔参考資料〕

1　職業能力について考えるための情報

職業能力に関して自己点検をする際の参考として、また労働市場において自身の職業能力が評価対象能力（employability：雇用されうる能力）になり得るか否かを診断する際の参考となるものとして、以下（1）～（3）を紹介いたします。

（1）能力主義と能力構成要素（1969）

日本経営者団体連盟（現在日本経済団体連合会と統合）は1965年（昭和40年）の総会において「労働者一人一人の能力を最高に開発し、最大に活用し、かつ学歴・年齢・勤続年数にとらわれない能力発揮に応じた真の意味における平等な処遇を行なうことによって意欲喚起を重視し、持って少数精鋭主義を目指す人事労務管理の確立を産業界全体の見解として採択した。われわれはそのような人事労務管理を能力主義と名づけた」と宣言し、わが国の人事労務管理のあり方に多くの影響を与えました。ここでの能力とは「企業における構成員として、企業目的達成のために貢献する職務遂行能力であり、企業として顕在化されねばならない。能力は職務に対応して要求される個別的なものであるが、それは一般的には体力・適性・知識・経験・性格・意欲の要素から成り立つ」とされました。

資料出所：日経連能力主義管理研究会報告「能力主義管理―その理論と実践―」日本経営者団体連盟（現一般社団法人日本経済団体連合会）弘報部、1969年。

（2）石油危機後に評価された職業能力（1984）

1979年の第2次石油危機にわが国は大きな影響を受け、いわゆる重厚長大産業と位置づけられた鉄鋼、造船、化学などの有力企業は、事業構造の転換に取り組み、その施策の一環として中高年齢者を中心に従業員の転出をすすめる人事施策に取り組んだ企業もありました。その際、多くのホワイトカラーの方々が勤務先あるいは広く労働市場において、体験したことのない厳しい評価を受け、このことは職業能力を多面的に考える機会になりました。

当時と今日とではビジネス環境は激変し、企業の人事施策も変化しており、人々の意識は随分と変化しましたが、人々の職業能力は現在の労働市場の動向に対応しているといえるでしょうか。以下の資料は、自身の現時点の職業能力を点検する際に、活用していただきたい過去の体験です。職業能力を考えるうえでの貴重な情報になると思われます。

●理想的なビジネスマンの条件—第二次石油危機直後に労働市場において評価された人材

① 高い専門性を持っていること。
いずれの企業においても、評価の対象になるような専門性を持っている。

② 論理的に自分の考え、実績を説明できること。
自分自身の人生観、職業観、実績などを論理的に説明できる。

③ 心身ともに健康で、明るく、清潔感があること。
心身ともに健康であり、第三者に暗い印象を与えることのない明朗さ、清潔感が感じられる人材である。

④ 専門領域と関連する領域に対しても幅広い関心を持っていること。
専門領域に対しての知識、技術・技能、情報を備えているとともに、合わせて関連の領域に対しても関心を持っている。

⑤ 担当業務に対して自信を持っていること。
人事異動の直後である場合はやむを得ない場合もあるが、現在担当している業務には自信を持っていることが重要である。

⑥ 標準以上の外国語（特に英語）の能力をもっていること。
好むと好まざるとにかかわらず経営活動の国際化、グローバル化はすすんでおり、コミュニケーション手段としての外国語（特に英語）の能力が強く要求されている。

⑦ 旺盛な行動力の持ち主であること。
いわゆる優等生タイプや、知識過剰の「社内評論家」型の行動のと

もなわない人物は評価以前の人物である。

⑧　人間関係を円滑にする能力を持っていること。

人の話を聞く耳を持たない。唯我独尊で、同僚、取引先との関係に無頓着であり、感受性のない人物であっては、新しい環境への適応が難しい。人間関係能力は重要な人材評価の条件になる。

⑨　チャレンジ精神旺盛なこと。

新しい仕事、新しい環境、能力開発、キャリア開発の何れに対しても、常に積極的な行動ができるチャレンジ精神の横溢していることが肝要である。

⑩　精神的な強さを持っていること。

環境の変化などの何れの状況下においても、常に積極的に対応出来る精神的なたくましさが求められる。

●第二次石油危機直後の労働市場においてビジネスマンとして“失格と評価された人たち”の特徴

①　第三者の評価に耐えられる専門性、能力に欠ける

②　調子よく、中味のないことをおしゃべりする

③　はっきりと用件を話すことが出来ない

④　人間関係が悪い

⑤　ロジカルな発想が出来ない

⑥　病的で、清潔感、明るさを相手に感じさせない

⑦　一流校を卒業したんだからといった、卒業校に対する過剰な優越感が何事においても先行する

⑧　自分のキャリアについての、誇りを持っていない。また反対に過去に対しての過剰な誇りを持っていて、過去の世界に生きているタイプ

⑨　謙虚さがない

⑩　自己啓発をしていない

出所：梶原豊著「35歳からのキャリア開発―生涯生活設計入門―」マネジメント社、1984年。

（３）経済産業省「社会人基礎能力」(2006)
考え抜く力（thinking）－疑問を持ち、考え抜く力―
課題発見力：現状を分析し、目的や課題を明らかにする力
計画力：課題の解決に向けたプロセスを明らかにし準備する力
創造力：新しい価値を生み出す力
前に踏み出す力（action）―一歩前に踏み出し、失敗してもねばり強く取り組む力―
主体性：物事に進んで取り組む力
働きかける力：他人に働きかけ巻き込む力
実行力：目的を設定し、確実に行動する力
チームで働く力（teamwork）―多様な人々と共に目標に向けて努力する力―
発信力：自分の意見を分かりやすく伝える力
傾聴力：相手の意見を丁寧に聴く力
柔軟性：意見の違いや立場の違いを理解する力
状況把握力：自分と周囲の人々や物事との関係を理解する力
規律性：社会のルールや人との約束を守る力
ストレスコントロール力：ストレスの発生源に対応する力
(資料出所) 経済産業省「社会人基礎力説明資料」2006年。

2　生活設計を行ううえで念頭に置くべき事項

人生の三大不安

①イギリスの生物学者、遺伝学者、哲学者、研究者として活動したC・H・ウオディントン（1905～1975年）は、人の「生きがいの指標」として「健康・労働・富」の三要素をあげています。そして健康とは「長生きをし、体調の良い状態」を意味します。労働とは「労働に従事している時は、もう働きたくないと思い、仕事がない時は働きたいと思うもの」。富とは「銀行口座に預金があることではなく貨幣価値以上のものを意味します。富の基本価値は、自己開発という概念と関連している」と人の生きがいに関して示唆に富む整理をしています。

Conrad Hal Waddington,The man-made future,1980, 坂本二郎訳「21世紀への生きる条件」三笠書房、1980年。

②望月衛は、人生の三大不安要素として「貧困・孤独・病気」を次のように整理しています。

「貧困と富：富の価値が「自己実現」に収斂されるという富の基本概念は、最低生活費プラス自己実現費用（人生における自身の可能性を追求する費用としてのα分）である。最低生活費は、人間の基本的・生理的欲求、安心・安全の欲求、社会的・所属の欲求を満たすものであり、自己実現費用は個々人がそれぞれの最高次元の欲求である自己実現の欲求（自我の欲求・自己実現の欲求）を充足させる重要な要素である。ここでの生活費を考えるにあたっては最低生活費プラス自己実現費用としてのα分を重視した経済生活設計の必要が出てくる。

孤独と労働：人は労働（職業）生活、余暇活動を通じて社会の一員としての連帯感を意識する。したがって、社会の一員である人が労働生活を離れ、余暇活動の機会を失うということは人間同士の結びつき、連帯感を失うことを意味し、人間の社会的・所属の欲求を充足できなくなる。人が孤独から抜け出す契機になるのは労働生活、余暇活動を通じて生涯のライフワーク、生きがいを見出すことを心がけることであり、このライフワーク、生きがいを実感できる生活目標を描くために日々の心がけ、準備が必要になる。

病気と健康：ここでの健康とは、肉体的・精神的・社会的に安定している状態（安心・安全）を意味している。心身ともに健康な生活を送るということは、人としての存在が認められ、経済的な欲求が充足している状態を意味しており、私たちは老後の生活に向けて上手に年をとる（well aging）ことが大事な心がけになる。そのためには単に身体的な健康管理だけではなく、精神的な心の健康管理をも含む心身の健康管理が必要になる」としています。

出所：望月衛「PREPに関する研究」一般社団法人中高年齢者雇用福祉協会、1989年。

＊望月は人生の三大不安要素としての「貧困・孤独・健康」に関して、マ

ズローが提唱した人間の動機付けに関する理論を援用して理論を整理しています。マズローの欲求段階説は次のように整理できます。

図表　マズローの欲求段階説

（1）基本的・生理的欲求：飢え、のどの渇き、睡眠、排せつ、性の充足などといった人が存在するための基本的・生理的欲求
（2）安全・安心の欲求：病気、怪我、災害などから自分の身を守りたいという、欲求、経済的な安定を確保したいという欲求
（3）社会的・所属の欲求：自分の存在を他人に認められ、他人との関係を持ちたいという欲求
（4）自我の欲求：自尊心を持ち、他人から尊敬されたいという欲求
（5）自己実現の欲求：自分自身の持つ可能性を発揮し、目標・目的となる理想的な水準に達したいという欲求

③高齢社会においては，すべての人がかつての単線型（一毛作）の人生行路から複線型（二毛作、三毛作、四毛作）の人生行路への選択を考え、行動する時代に生活をしています。かつての時代の単線型人生行路は「教育－仕事－引退」の行動が一般的でしたが、人生100年・生涯現役時代の高齢社会においては、ある時期に一度あるいは二度と「転進」を重ね、「複数のキャリアを経験する」「マルチステージの人生」へシフトすることが一般的な人生行路になりました。

リンダ・グラットン（Lynda Gratton）は、次のような新しい人生の3つのステージが登場し、年齢とステージは一致せずどのステージをどの順番で経験するかは多様になる、としています。

第一ステージは「エクスプローラ（explorer：探検家：人生の旅をして自分と世界を再発見する時期）」であり、日常生活から離れ、旅をし、新しい出会いをするなど、身につけた価値観を壊し、自分を再発見する時期と位置づけています。

第二ステージは「インディペント・プロデューサー（independent producer：組織に雇われて携わる時期）」であり、一時的なビジネスを立ち上げる時期としています。

第三のステージは「ポートフォリオ・ワーカー（portfolio worker；企業勤務、副業、NPOなど異なる種類の活動を同時に行う時期）」として、異なる種類の活動を同時に行い、経済的、人間関係的にも充実した複数の目的での活動に従事し、刺激的な生活を送る時期になるとしています。

そしてこれらのステージに対応するためには次の三つの無形資産を持つべきであると主張しています。

第一の資産は「生産性資産」であり、スキルと知識、仲間や周囲からの評判など仕事の成功に役立つ要素です。第二の資産は「活力資産」です。バランスの取れた生活、家族との関係など、肉体的・精神的な健康を意味しています。第三の資産は「変身資産」として、人生の過程で変化を促す、多様性に富んだ人的ネットワークであるとしています。

グラットンが考え、整理しているライフ・デザイン、ウオディントンの指摘する人生の三大不安、望月の整理した人生の三大不安等は示唆に富むものであり、われわれがライフ・プランを考え、ライフ・デザインづくりに取り組む際に参考になる考えになるといえます。

出所：Lynda Gratton,Life Shift、2016、池村千秋訳「100年時代の人生行路」東洋経済新報社、2016年。

3　中高年齢期に自身を見直す際に念頭におくべき大事なこと 年齢と人生の成長段階

① 性格・人格

人は十人十色といわれ一人ひとりの趣味、嗜好、行動スタイルは多様です。この多様な行動特性を個々人の性格（character），人格（personality）という言葉で表現しています。多種多様な人の性格、それぞれの特徴を分類、整理した考えがあります。

② 人間の年齢

人の年齢には、人がこの世に誕生してから年老いてゆく「暦年齢」と、身体から測定する「生理的年齢」とがあります。生理的年齢は個人差が大きく、たとえ高齢者であっても極めて元気に活動している人がいますが、比較的年齢が若いにもかかわらず老いを感じさせる人もいます。

生理的年齢が若い人ほど心理的年齢も若く、職業生活を引退し、社会活動と無縁な生活を送っている人の中には社会的年齢が暦年齢以上に老けている感じを第三者に与えるというケースがあります。「熟年、高齢者問題を考える時は、単に暦年齢を取り上げて論ずべきではない」といえます。

＊暦年齢：時計による時間、太陽の運行などによる
　生理的年齢：からだの傷のなおる速度などによる
　心理的年齢：頭の働き、感情の動きなどによる
　社会的年齢：仕事における役割などによる

＊精神年齢（mental age）は、個人の知能年齢の高低、遅速を示すものではなく、知的発達を示すものであり、発達年齢（または生活年齢：chronological age）との比較によって個人の知能発達を明確化する目的で知能指数（IQ：intelligence quotient）が考えられました。

③ 人生の各時期（life stage）―人が誕生してから成長するまでの過程を次のように区分する考えがあります。

ⅰ）胎児期
ⅱ）乳児期
ⅲ）幼児期
ⅳ）少年・少女期（児童期・学童期）
ⅴ）青年期（その前期・中期が思春期）
ⅵ）成熟期

成熟期以降を宮城音弥は次のように分類しています。

ⅰ）成人前期―25歳～35歳

ii）成人後期（中年期）—35歳～45歳

iii）熟年期—45歳～65歳

iv）初老期—65歳～70歳

v）高年期—70歳～85歳

vi）最高年齢－85歳～

宮城は「個人によって生理的年齢、心理的年齢及び社会的年齢が同じではないために各段階に対応する暦年齢は厳密なものではない。ある人の熟年期が35歳から始まっている場合もあるし、65歳以上に及んでいると考えられる場合もある」としています。

資料出所：宮城音弥「人間年輪学入門—熟年・高年—」岩波書店、1982年。

④　高齢化すると顕著になる行動

イ　都合の悪いことは聞こえないふりをする。

ロ　突然「うるさい！」と怒鳴る。でも本人たちは大声で話す。

ハ　「私なんて、いても邪魔でしょ？」など、ネガティブな発言ばかりする。

ニ　信号が赤になったのに、ゆっくり渡っている。信号が元々赤なのに、堂々と渡ってくる。

ホ　自分が家の中など、「えっそこで！？」と思うような場所でよく転ぶ。

資料出所：平松類「老人の取り扱い説明書」SBクリエイティブ株式会社、2017年。

4　能力開発・キャリア開発と関連する人事労務管理施策

（1）CDP（Career Development Program：キャリア開発）

従業員一人ひとりのキャリア、能力を組織内で積極的に活用し、組織が必要とする人材を将来にわたって継続的に確保し、本人の成長と組織の発展を図る人材開発・人材活用プログラムです。能力の発揮・活用は配置、昇進、異動等の人事施策（雇用管理）、Off・JT、自己啓発活動等の能力開発活動、人事考課管理の各管理活動が連動しているシステムになります。

CDPは当該組織内でのキャリア開発、能力開発システムではありますが、CDPは組織内外で従業員が活躍するうえで必要となるキャリア開発、能力開発を推進するうえで有効なシステムになるといえます。

CDPを構成する管理活動は次のように整理できます。

CDPを構成する管理活動

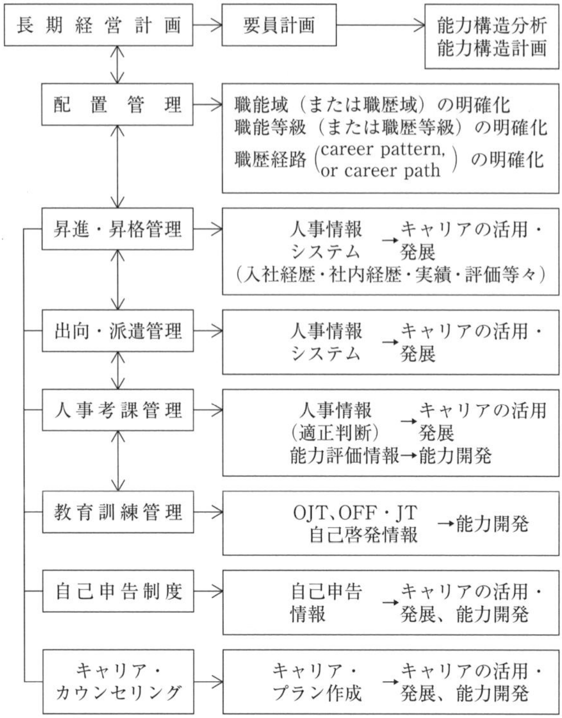

出所：梶原豊「人材開発論―人材開発活動の実践的・体系的研究―」白桃書房、1996年。

（2）人事考課・人事評価

① 人事考課（merit rating , employee rating , performance rating, performance appraisal）

従業員個々人の知識，性格（態度）、適性、職務遂行能力、業績等々を一定の基準に基づいて評定する管理活動です。評定により得られた情報は昇進・昇格、異動、配置、教育研修（能力開発）、昇給・賞与等々の人事情報として活用し、従業員の有効活用と適切な処遇を行うために活用されています。

人事考課要素には、成績考課、情意考課（組織の一員としての自覚・意欲をみる）、能力考課（知識、技能、判断力、企画力、折衝力、管理力等々）があります。これらの考課（評価）要素は広く労働市場において評価される職業能力を考える際の参考になるといえます。

人事考課の目的、収集する情報は次のように整理できます。

人事考課の目的

考課によって収集される情報	人事考課の目的
企画力、創造力、判断力、折衝力、問題解決力、指導力、積極性、協調性、規律性、責任性等	人事情報の収集
知識、技能、技術、常識、態度（積極性、協調性、規律性、責任性）、部下指導、問題解決力、意思決定力、リーダーシップ等	教育訓練情報の収集
目標達成度、業績達成度、部下育成、業務改善、チーム・ワーク、仕事の質・量等	賃金情報の収集

(注) 人事考課によって収集した情報を活用の方向から整理し、人事考課を実施する目的として整理した。

出所：梶原豊「人的資源管理論」同友館、2002年。

② 人事評価（performance appraisal）

目標管理制度の導入、普及は成績考課、業績考課に影響を与えており、目標達成度に対しての評価が種々工夫されています。例えば、コミュニケーション力（折衝力、交渉力）、リーダーシップ（指導、育成力）、課題形成力、専門性、職務知識、積極性、責任感等々を管理職クラスのベテランを対象とした評価要素としているケースがあります。また管理職候補者選抜プログラム（ヒューマン・アセスメント・プログラム）では資質能力として「バイタリティ・職務意欲・知的好奇心・ストレス耐性」、対面指導力として「リーダーシップ・説得力・表現力・発表力・傾聴力・感受性・部下育成力・協調性」、業務処理能力として「計画・組織力・問題分析力・判断力・決断力・創造力・文章表現力」等々が用意されており、これらは自身の職業能力、エンプロイアビリティ（雇用されうる能力）を自己点検する際の参考として、また自己啓発目標としても参考になるといえます。

（3）自己申告制度

自己申告制度は、従業員が自らの仕事内容、適性等を自己分析し、あるいは自らを評価して、配置転換、能力開発等の希望を定期的に申告させる制度であり、従業員一人一人の人事情報を収集するための制度です。CDPとの関連で制度を運用しているケースがあり、有力なキャリア開発、能力開発のための制度になるといえます。（「CDPを構成する管理活動」158頁参照）

著者紹介

梶原豊　（序章、第１章、終章を担当）

高千穂大学名誉教授（人的資源管理論）。同大学教授、同大学院経営学研究科長などを歴任。経営学博士。企業、自治体等の研修、能力開発システム設計などの能力開発活動、ビジネス・キャリア能力検定制度の整備等々に取り組んできた。著書に、「人材開発論」（白桃書房）、「人的資源管理論」「地域産業の活性化と人材の確保・育成」「働きがいを感じる会社」（同友館）、「人材開発戦略」「35歳からのキャリア開発―生涯生活設計入門―」（マネジメント社）など。

高沢謙二　（第２章第１節を担当）

東京医科大学名誉教授。医学博士。東京医科大学理事、東京医科大学病院健診予防医学センター長等を歴任。専門分野は、内科、高血圧、循環器、血管年齢（考案者）。医師としての業務の傍ら、多くの会合で健康に関する講演、指導を行っている。著書に、「図解 最新医学でわかった突然死にならない方法」（エクスナレッジ）、「血圧革命」（講談社＋α新書）、「［高沢式］自力で血管を強化する本」（主婦の友社）、「知らないと怖い血管の話 心筋梗塞、脳卒中はなぜ突然起きる？」（PHP サイエンス・ワールド新書）など多数。

菊池真由子　（第２章第２節を担当）

管理栄養士、健康運動指導士、NR・サプリメントアドバイザー。多くの企業、団体、自治体等において食生活、栄養当に関する指導を行っている。

著書に、「食べても食べても太らない法」「食べれば食べるほど若くなる法」「65歳から体と頭を強くするおいしい食べ方」（以上、三笠書房）など多数。

春日井淳夫　(第２章第３節を担当)

明治大学政治経済学部教授。学部では健康・運動科学科目を担当。博士(医学)。研究の専門分野は運動生化学、運動生理学、体力学。著書に「ジュニア選手育成のための柔道コーチング論」(共著、道和書院）など。

木谷光宏　(第２章第４節を担当)

明治大学名誉教授（産業心理学・組織心理学)。人材育成学会会長等を歴任。著書に、「産業・組織心理学入門」(共著、福村出版)、「大学生の就職と採用」(共著、中央経済社)、「大学生のためのライフデザインのすすめ」(共編著、リンケージパブリッシング）など。

澤木明　(第３章第１節第２節を担当)

社会保険労務士。さわき社会保険労務士事務所代表。ファイナンシャルプランナー（CFP®)。キャリアカウンセラー（CDA)。社労士としての業務の傍ら、多くの企業、団体、自治体等において生活設計研修などの研修指導を行っている。著書に、「定年前50代サラリーマン危機管理マニュアル」(共著、朝日新聞社)、「面白いほどよくわかる年金のすべて」(監修、日本文芸社）等。

小林ふじ子　(第３章第３節を担当)

税理士。ファイナンシャルプランナー（AFP®)。小林税理士事務所代表。公益社団法人 Sumita Scholarship Foundation,Cambodia 代表理事として、カンボジアでの教育支援活動を行っている。

長山萌　(第３章第４節を担当)

弁護士。弁護士法人東京スタートアップ法律事務所。明治大学法科大学院講師。婚姻関係、破産関係、一般民事・刑事事件、起業関係領域の業務を中心にした弁護士活動を行っている。

※コーディネート

村田一浩

講演・研修コーディネーター。専門団体において講演会の実施・研修の導入・実施・評価に関する業務に従事した体験を体系化するため、シンガポール大学においてプロデューサー論を研究。

LIFE100+
人生を整えるためのキャリア・健康・資産管理

2023年9月13日　第1版第1刷発行

著　者　梶　原　　　豊
高　沢　謙　二
菊　池　真由子
春日井　淳　夫
木　谷　光　宏
澤　木　　　明
小　林　ふじ子
長　山　　　萌
発行者　平　　　盛　之

発行所　㈱産労総合研究所
出版部　経営書院

〒100-0014　東京都千代田区永田町1-11-1　三宅坂ビル
電話　03-5860-9799
https://www.e-sanro.net/

印刷・製本　藤原印刷株式会社

ISBN 978-4-86326-365-9 C2037